世界の本当に怖い話

怖い歴史

上巻

もくじ

朝鮮半島《ちょうせんはんとう》

中国《ちゅうごく》

モンゴル

インド

イラン

イラク

トルコ

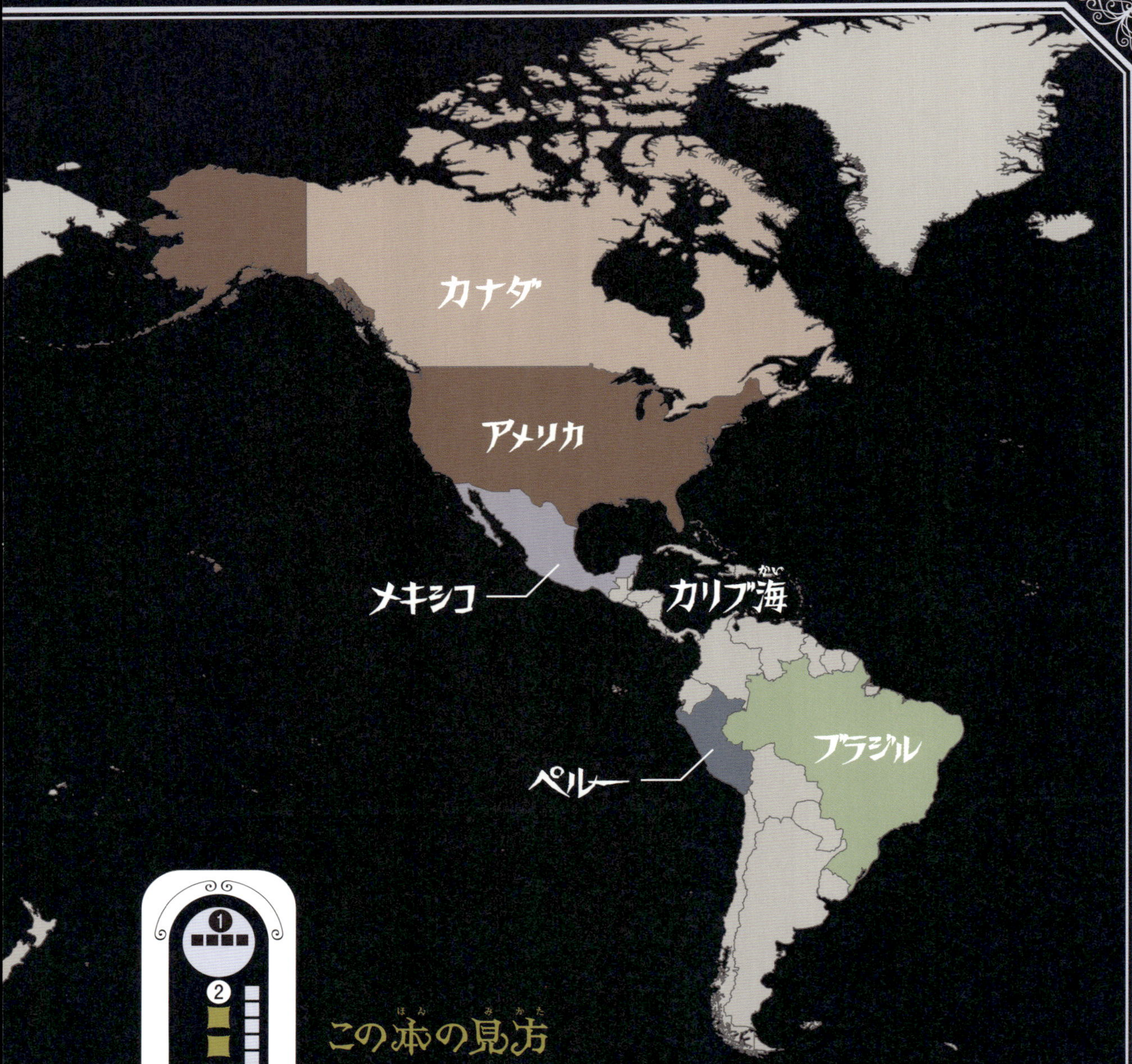

この本《ほん》の見方《みかた》

1〈属性《ぞくせい》〉
本書《ほんしょ》で紹介《しょうかい》する人物《じんぶつ》や生物《せいぶつ》、事件《じけん》を大《おお》まかに分類《ぶんるい》したもの

2〈事件名《じけんめい》〉
一般的《いっぱんてき》に用《もち》いられている事件《じけん》の名称《めいしょう》や、人物名《じんぶつめい》

3〈恐怖度《きょうふど》〉
紹介《しょうかい》する対象《たいしょう》が当時恐怖《とうじきょうふ》を与《あた》えた大《おお》きさを示《しめ》す。☆が多《おお》いほど恐怖度《きょうふど》が高《たか》い

4〈悲哀度《ひあいど》〉
紹介《しょうかい》する対象《たいしょう》の物悲《ものがな》しさややるせなさの度合《どあ》い。☆が多《おお》いほど悲劇的《ひげきてき》

5〈歴史影響度《れきしえいきょうど》〉
紹介《しょうかい》する対象《たいしょう》が歴史的《れきしてき》に影響《えいきょう》を及《およ》ぼしたバロメーター。☆が多《おお》いほど影響度《えいきょうど》が大《おお》きい

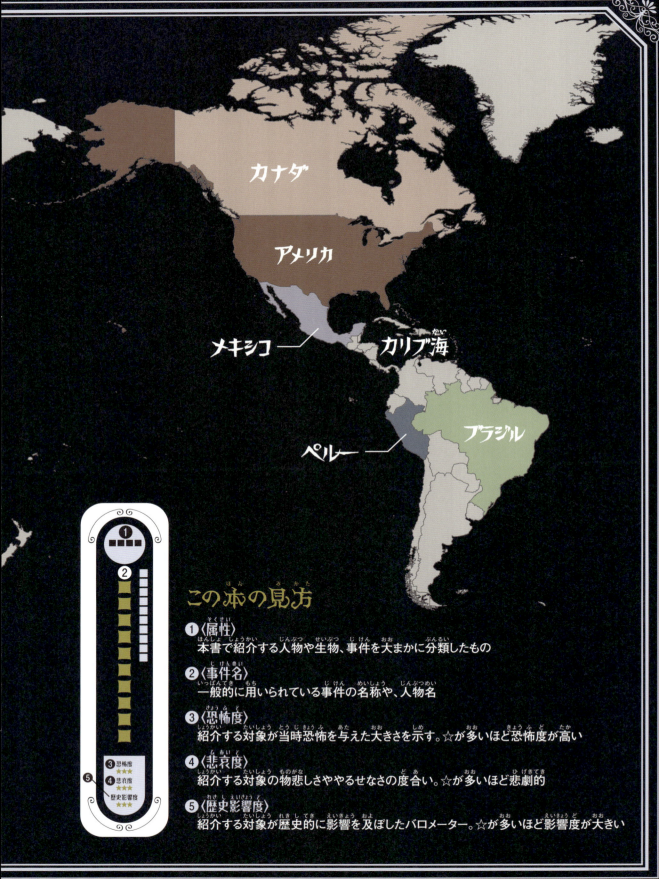

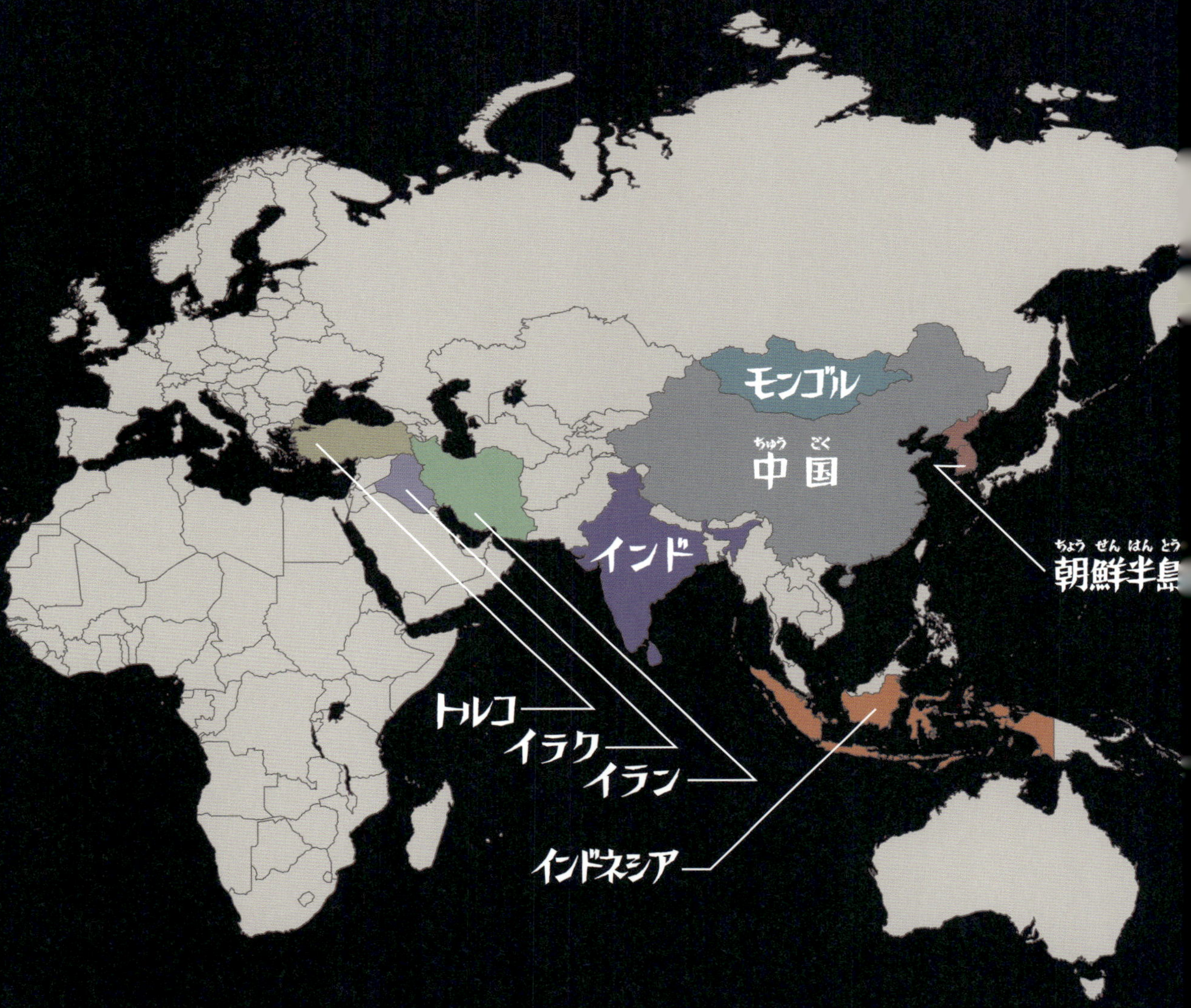

〈属性《ぞくせい》〉本書《ほんしょ》で紹介《しょうかい》する人物《じんぶつ》、生物《せいぶつ》、事件《じけん》などは下記《かき》の通《とお》り分類《ぶんるい》している。参考《さんこう》にされたし。

シリアルキラー：自分《じぶん》の欲求《よっきゅう》を満《み》たすために、殺人《さつじん》を繰《く》り返《かえ》す殺人鬼《さつじんき》
未解決事件《みかいけつじけん》：捜査《そうさ》が行《い》きづまり、解決《かいけつ》されていない凶悪事件《きょうあくじけん》や謎《なぞ》
ミステリースポット：未《いま》だ謎《なぞ》の多《おお》い場所《ばしょ》や奇怪《きかい》なエリア
国家《こっか》・政府《せいふ》：国家単位《こっかたんい》で行《おこな》われた、恐《おそ》ろしい制度《せいど》や怪軍団《かいぐんだん》
古代文明《こだいぶんめい》・儀式《ぎしき》：現代《げんだい》では「恐怖《きょうふ》」としか表現《ひょうげん》できない、古代《こだい》の恐《おそ》ろしい風習《ふうしゅう》
自然環境《しぜんかんきょう》：人《ひと》もしくは自然《しぜん》が作《つく》り出《だ》した恐《おそ》ろしい場所《ばしょ》、奇妙《きみょう》な出来事《できごと》
暴君《ぼうくん》・悪女《あくじょ》：人民《じんみん》を苦《くる》しめ暴虐《ぼうぎゃく》の限《かぎ》りを尽《つ》くした君主《くんしゅ》や、私利私欲《しりしよく》を満《み》たすために非道《ひどう》な悪事《あくじ》に手《て》を染《そ》めた女性《じょせい》
凶悪犯罪《きょうあくはんざい》・事件《じけん》：その時代《じだい》ゆえに引《ひ》きおこされた恐怖《きょうふ》の犯罪《はんざい》や事象《じしょう》
伝説《でんせつ》・伝承《でんしょう》：語《かた》り継《つ》がれてきた恐《おそ》ろしい事件《じけん》・人物《じんぶつ》

アメリカ

アメリカが独立宣言《どくりつせんげん》をしたのは、1776年《ねん》。
以来《いらい》、みるみるうちに成長《せいちょう》を遂《と》げ、
現在《げんざい》は政治《せいじ》、経済《けいざい》など世界《せかい》のリーダーの座《ざ》に君臨《くんりん》する。
ただ、彼《かれ》らが生《う》む「強《つよ》い光《ひかり》」による「闇《やみ》」もまた深《ぶか》い。

未解決事件

美《うつく》しき女優志願者《じょゆうしがんしゃ》の惨殺事件《ざんさつじけん》

ブラック・ダリア事件《じけん》

恐怖度 ★★★
悲哀度 ★★★★
歴史影響度 ★★★

アメリカはいまや約《やく》3億《おく》2千万人《せんまんにん》もの人口《じんこう》を誇《ほこ》る多民族国家《たみんぞくこっか》だが、それゆえに凶悪事件《きょうあくじけん》や未解決事件《みかいけつじけん》も多《おお》い。

中《なか》でも有名《ゆうめい》なものが「ブラック・ダリア事件《じけん》」だ。

1947年《ねん》1月《がつ》15日午前《にちごぜん》10時頃《じごろ》、ロサンゼルス郊外《こうがい》の空《あ》き地《ち》を通《とお》りがかった主婦《しゅふ》が、大《おお》きな悲鳴《ひめい》をあげた。

空《あ》き地《ち》にマネキンが捨《す》てられている？と、のぞき込《こ》んだところ、猟奇的《りょうきてき》な姿《すがた》をした女性《じょせい》の死体《したい》だったからだ。

死体《したい》は裸《はだか》で、腰《こし》の部分《ぶぶん》で完全《かんぜん》に上半身《じょうはんしん》と下半身《かはんしん》が分断《ぶんだん》されていた。

胸《むね》や足《あし》には薄《うす》く削《そ》ぎ取《と》られた跡《あと》や、切《き》りつけられた傷《きず》がいくつもあり、あざだらけになった顔《かお》を見《み》ると、口《くち》が耳《みみ》まで切《き》り裂《さ》かれていた。

さらに腕《うで》は肘《ひじ》の部分《ぶぶん》で直角《ちょっかく》に折《お》り曲《ま》げて広《ひろ》げられ、両足《りょうあし》も大《おお》きく開《ひら》かれていた。

また、完全《かんぜん》に血《ち》が抜《ぬ》き取《と》られ、体《からだ》は内臓《ないぞう》も含《ふく》め、水《みず》できれいに洗《あら》われていたという。

犯人《はんにん》は一体《いったい》、誰《だれ》だ

殺害《さつがい》された女性《じょせい》の名前《なまえ》はエリザベス・ショート。まだ22歳《さい》の、女優志願《じょゆうしがん》の女性《じょせい》だった。

ショートにブラック・ダリアという愛称《あいしょう》があったことから、事件《じけん》は「ブラック・ダリア事件《じけん》」と呼《よ》ばれ、センセーショナルに報道《ほうどう》された。

さて、捜査《そうさ》は困難《こんなん》を極《きわ》めた。

というのも、犯人《はんにん》とおぼしき人《ひと》が一〇〇人《にん》以上《いじょう》もいたからだ。

ショートは亡《な》くなる前《まえ》にウェイトレスなどをしていて、男性《だんせい》から大変人気《たいへんにんき》があった。だが、特定《とくてい》の恋人《こいびと》はおらず、恋《こ》い焦《こ》がれる男性《だんせい》が多《おお》かった。

「好《す》きな気持《きも》ちが抑《おさ》えきれず、殺《ころ》し方《かた》が残忍《ざんにん》になったのではないか」

と、犯人探《はんにんさが》しは容易《ようい》に思《おも》われたが、「体《からだ》を分断《ぶんだん》したのはなぜか」「わざわざ血《ち》を洗《あら》い流《なが》した理由《りゆう》は」「そもそも、なぜ人目《ひとめ》につく空《あ》き地《ち》に放置《ほうち》したのか」など、調《しら》べれば調《しら》べるほど、分《わ》からないことは増《ふ》えていった。

ショート殺《ごろ》しの犯人《はんにん》は、未《いま》だ見《み》つかっていない。

ただ、ショートの残酷《ざんこく》で悲劇的《ひげきてき》な最期《さいご》にひきつけられる人《ひと》は多《おお》いようだ。今《いま》でも映画《えいが》やドラマ、小説《しょうせつ》の題材《だいざい》に取《と》り上《あ》げられ、見《み》る人《ひと》に謎《なぞ》の解明《かいめい》を求《もと》めている。

シリアルキラー

死《し》を招《まね》く白衣《はくい》の天使《てんし》

ジェニーン・ジョーンズ

恐怖度 ★★★★★
悲哀度 ★
歴史影響度 ★★★

「シリアルキラー」という言葉《ことば》をご存知《ぞんじ》だろうか。

「人《ひと》を殺《ころ》すことが楽《たの》しくて仕方《しかた》がない」だとか、「人《ひと》を殺《ころ》さずにいられない」といった欲求《よっきゅう》が1か月《げつ》以上《いじょう》も続《つづ》き、殺人《さつじん》を何度《なんど》も繰《く》り返《かえ》す人《ひと》を指《さ》す。

人《ひと》がシリアルキラーになるのは、さまざまな要因《よういん》があるが、理由《りゆう》によって「対象《たいしょう》」は変《か》わってくるようだ。

1970年代《ねんだい》から1980年代《ねんだい》にかけて、全米《ぜんべい》に衝撃《しょうげき》を与《あた》えた女性《じょせい》シリアル・キラーがいる。彼女《かのじょ》の名前《なまえ》は、ジェニーン・ジョーンズ。

ジョーンズの職業《しょくぎょう》は小児科《しょうにか》の看護師《かんごし》で、病気《びょうき》になった乳幼児《にゅうようじ》たちにやさしく接《せっ》する反面《はんめん》、次々《つぎつぎ》に命《いのち》を奪《うば》っていった。

ジョーンズが殺害《さつがい》に用《もち》いたのは、注射《ちゅうしゃ》や点滴《てんてき》だ。

ジョーンズはこれらにこっそり筋弛緩《きんしかん》剤《ざい》（体《からだ》の筋肉《きんにく》の動《うご》きを弱《よわ》める作用《さよう》がある）や強心剤《きょうしんざい》（心臓《しんぞう》の動《うご》きを強《つよ》くする薬《くすり》）、抗凝血剤《こうぎょうけつざい》（血《ち》をサラサラにする薬《くすり》）を混入《こんにゅう》させた。

いずれも使《つか》い方《かた》を間違《まちが》えると大人《おとな》でも命《いのち》を落《お》とす薬《くすり》だ。それを知《し》りながら、ジョーンズは逮捕《たいほ》されるまで、スタッフの目《め》を盗《ぬす》んでは薬剤《やくざい》を混入《こんにゅう》し続《つづ》けた。

死《し》を招《まね》く看護師《かんごし》

1981年《ねん》5月《がつ》、テキサス州《しゅう》にあるベクサー病院《びょういん》では、子《こ》どもたちが連日《れんじつ》謎《なぞ》の死《し》を遂《と》げていた。入院《にゅういん》していた子《こ》どもの心臓《しんぞう》が突然《とつぜん》止《と》まったり、原因不明《げんいんふめい》の出血《しゅっけつ》を起《お》こしたりしたのだ。

確《たし》かに重《おも》い症状《しょうじょう》の子《こ》どももいた。しかし、死亡者数《しぼうしゃすう》が増《ふ》えていくにつれ、病院《びょういん》内《ない》である疑念《ぎねん》が語《かた》られるようになった。

「事件《じけん》がある日《ひ》には、必《かなら》ずジョーンズがいる」

また、ジョーンズの勤務日《きんむび》以外《いがい》は急変《きゅうへん》する患者《かんじゃ》が出《で》なかったことから、彼女《かのじょ》が担当《たんとう》する時間帯《じかんたい》は、

「死《し》のシフト（担当《たんとう》する曜日《ようび》や時間《じかん》）」

とも、影《かげ》でささやかれ始《はじ》めた。中《なか》にはジョーンズを

「死《し》の看護師《かんごし》」

などと、呼《よ》ぶ人《ひと》もいたようだ。それでも当初《とうしょ》は、単《たん》なる偶然《ぐうぜん》だと思《おも》われていた。というのも体調《たいちょう》が急変《きゅうへん》する子《こ》どもを目《め》にしたジョーンズは、

「かわいそうに。大丈夫《だいじょうぶ》だからね！」

と、やさしい言葉《ことば》をかけ続《つづ》け、誰《だれ》より

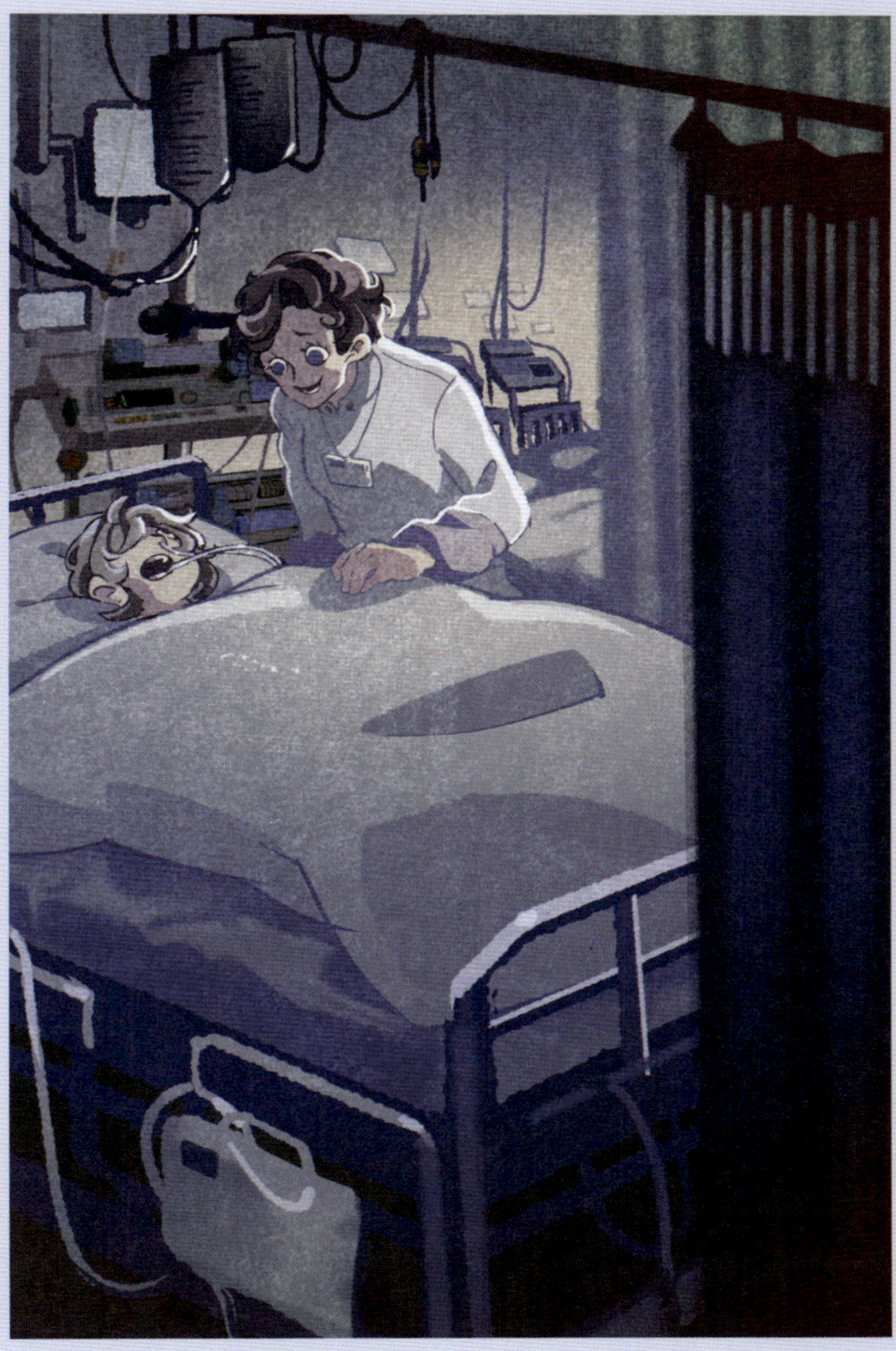

も献身的《けんしんてき》に尽《つ》くしていたからだ。また、子《こ》どもが亡《な》くなると、遺体《いたい》にすがりつき、誰《だれ》よりも号泣《ごうきゅう》することもあった。そんなジョーンズの姿《すがた》を見《み》て、感謝《かんしゃ》の言葉《ことば》を述《の》べる保護者《ほごしゃ》もいたほどだった。

ただそのうち、集中治療室《しゅうちゅうちりょうしつ》での死亡者《しぼうしゃ》数《すう》は20人《にん》に達《たっ》した。

さすがに何《なに》か原因《げんいん》があるのかもしれないと感《かん》じた病院《びょういん》が調《しら》べたところ、亡《な》くなった子《こ》どもたちの点滴《てんてき》の中《なか》に抗凝血剤《こうぎょうけつざい》が混入《こんにゅう》していたことが判明《はんめい》した。

「これは事故《じこ》ではなく、殺人事件《さつじんじけん》じゃないか！」

調査《ちょうさ》の結果《けっか》、まず疑《うたが》われたのはジョーンズだった。しかし、この事実《じじつ》が世間《せけん》に知《し》られるとベクサー病院《びょういん》は責任《せきにん》を追求《ついきゅう》され、つぶれてしまう。事件《じけん》が明《あか》るみになる前《まえ》に病院《びょういん》はジョーンズを解雇《かいこ》した。

殺《ころ》しがやめられない！

ベクサー病院《びょういん》を辞《や》めさせられたジョーンズは、その後《あと》、同《おな》じテキサス州《しゅう》にある小児《しょうに》クリニックで看護師《かんごし》をすることになった。

この小児《しょうに》クリニックでもジョーンズが来《き》たとたん、6人《にん》もの子《こ》どもが次々《つぎつぎ》と死亡《しぼう》した。

ただ、ベクサー病院《びょういん》と違《ちが》い、同僚《どうりょう》の看護師《かんごし》たちは、手慣《てな》れたそぶりのジョーンズを見《み》て眉《まゆ》をひそめあった。

「この人《ひと》、あまりにも手際《てぎわ》がよすぎる。ひょっとして、子《こ》どもに何《なに》かした!?」

すぐに亡《な》くなった子《こ》どもたちの遺体《いたい》が調《しら》べられた。やはりというべきか、筋弛緩剤《きんしかんざい》や抗凝血剤《こうぎょうけつざい》が検出《けんしゅつ》された。

それらはいずれも、ジョーンズと医師《いし》しか入《はい》れないはずの倉庫《そうこ》にあった。

動機《どうき》は、「褒《ほ》められたい」

ジョーンズは1983年《ねん》5月《がつ》に逮捕《たいほ》されると、99年《ねん》の禁固刑《きんこけい》を言《い》い渡《わた》された。さらに他《ほか》の子《こ》どもに対《たい》する容疑《ようぎ》でも有罪《ゆうざい》になり、60年《ねん》の刑《けい》が加算《かさん》された。

彼女《かのじょ》が命《いのち》を奪《うば》った子《こ》どもの数《かず》は、一説《いっせつ》には60人近《にんちか》いともいわれている。恐《おそ》らく彼女《かのじょ》は、一生刑務所《いっしょうけいむしょ》の外《そと》に出《で》られることはないだろう。

そんな、彼女《かのじょ》の殺人《さつじん》の動機《どうき》だが……。

「消《き》えゆく小《ちい》さな命《いのち》が自分《じぶん》に助《たす》けを求《もと》め、それに応《こた》えることに無上《むじょう》の喜《よろこ》びを感《かん》じていた」

というものだった。ジョーンズは助《たす》けを求《もと》められたい、褒《ほ》められたい、感謝《かんしゃ》されたい、それだけのために次々《つぎつぎ》と幼《おさな》い命《いのち》に手《て》をかけ、奪《うば》っていたのだ。

実《じつ》はこうした事件《じけん》は、今《いま》でも発生《はっせい》している。ただ、非常《ひじょう》にまれだと追記《ついき》しておこう。

シリアルキラー

H・H・ホームズ

アメリカ史上《しじょう》に残《のこ》る世紀《せいき》の犯罪者《はんざいしゃ》

恐怖度 ★★★
悲哀度 ★★★★
歴史影響度 ★★★

H・H・ホームズ（ヘンリー・ハワード・ホームズ）、本名《ほんみょう》ハーマン・ウェブスター・マジェットは、アメリカ犯罪史《はんざいし》上《じょう》、最初《さいしょ》のシリアルキラーとして知《し》られる。さらに、彼《かれ》ほど多《おお》くの犯罪《はんざい》に手《て》を染《そ》めた人間《にんげん》は、今後《こんご》出《で》ないのではないかとも言《い》われている。

ホームズは重婚《じゅうこん》（複数《ふくすう》の人《ひと》と同時《どうじ》に結《けっ》婚《こん》をすること）、詐欺《さぎ》、放火《ほうか》、誘拐《ゆうかい》などあらゆる罪《つみ》を犯《おか》したが、世界《せかい》にその名《な》を知《し》らしめたのは、彼《かれ》が建《た》てた豪華《ごうか》ホテルでの殺人《さつじん》だ。

彼《かれ》はこのホテルで「27人《にん》殺《ころ》した」と、自供《じきょう》しているが、「警察《けいさつ》の捜査《そうさ》によると、200人以上《にんいじょう》が殺《ころ》された形跡《けいせき》があるらしい」ともウワサされている。

恐《おそ》るべき殺人《さつじん》ホテル

実数《じっすう》が分《わ》からない最大《さいだい》の理由《りゆう》は、息《いき》を吐《は》くようにウソをつくホームズの性格《せいかく》と、ホテルの作《つく》りにある。

ホテルは100を超《こ》える部屋《へや》で構成《こうせい》されていて、秘密《ひみつ》の通路《つうろ》、窓《まど》のない部屋《へや》、防音室《ぼうおんしつ》、外側《そとがわ》から鍵《かぎ》がかけられるドアのある部屋《へや》などが迷路《めいろ》のように配置《はいち》されていたという。

さらに、ここからはウワサだが、落《お》とし穴《あな》が配置《はいち》された部屋《へや》もあり、ボタンひとつで外科手術用具《げかしゅじゅつようぐ》、高濃度《こうのうど》の酸《さん》が蓄《たくわ》えられたプールなどが備《そな》えられた地下室《ちかしつ》へ落《お》とされたといわれている。

これだけの設備《せつび》があると、簡単《かんたん》に死体《したい》

を解体《かいたい》することができ、濃度《のうど》の高《たか》い酸《さん》で跡形《あとかた》もなく肉片《にくへん》を溶《と》かすことができる。

気《き》に入《い》った死体《したい》はキレイに骨《ほね》だけにされ、骨格標本《こっかくひょうほん》として学校《がっこう》などへ売却《ばいきゃく》されていたという話《はなし》もある。

いずれにせよ、宿泊者《しゅくはくしゃ》を殺《ころ》し、財産《ざいさん》を盗《ぬす》むために作《つく》られたと言《い》われても不思議《ふしぎ》ではない設計《せっけい》だったようだ。

狙《ねら》われた美人旅行者《びじんりょこうしゃ》

この「殺人《さつじん》ホテル」が完成《かんせい》したのは1892年。この翌年《よくねん》5月1日《がつついたち》からは半《はん》年間《としかん》、シカゴ万博《ばんぱく》が開催《かいさい》されている。

その6か月間《げつかん》は、シカゴではどのホテルも宿泊客《しゅくはくきゃく》が絶《た》えなかった。数《かず》の多《おお》さもあり、一組《ひとくみ》くらい消《き》えてもすぐにホテルが怪《あや》しまれることはなかった。

ホテルで消《き》えたのは客《きゃく》だけではなかった。ホームズの秘書《ひしょ》や愛人《あいじん》、5人《にん》の子《こ》どものうち3人《にん》も行方不明《ゆくえふめい》になっている。

これらの失踪者《しっそうしゃ》たちはホームズの手《て》によって殺《ころ》されたとみなされてる。

ホームズは「27人《にん》」と答《こた》えたようだが、実際《じっさい》のところ、彼《かれ》も数《かず》を把握《はあく》できていなかったのかもしれない。

あっけない逮捕《たいほ》

さて、シカゴ万博《ばんぱく》が終了《しゅうりょう》するとホームズはホテルに見切《みき》りをつけ、逃《に》げるようにシカゴを離《はな》れた。宿泊客《しゅくはくきゃく》も少《すく》なくなり、これ以上失踪者《いじょうしっそうしゃ》を増《ふ》やすと、自分《じぶん》の身《み》が危《あぶ》なくなると感《かん》じたのかもしれない。

その後《あと》しばらく、ホームズはアメリカとカナダを転々《てんてん》としながら小《ちい》さな詐欺《さぎ》を繰《く》り返《かえ》していたようだ。

しかし保険金目当《ほけんきんめあ》てで子《こ》どもを誘拐《ゆうかい》したことがきっかけで逮捕《たいほ》されてしまった。

そうなるとホテルでの大量殺人《たいりょうさつじん》を追求《ついきゅう》されるのも時間《じかん》の問題《もんだい》だった。

もしこのときホームズが子《こ》どもの誘拐《ゆうかい》に成功《せいこう》していたら、犠牲者《ぎせいしゃ》は各所《かくしょ》で増《ふ》え続《つづ》けていたかもしれない。

殺人《さつじん》ホテルのその後《ご》

その後《ご》ホームズは死刑《しけい》が宣告《せんこく》され、1896年《ねん》5月《がつ》7日《か》、絞首刑《こうしゅけい》によってこの世《よ》を去《さ》った。34歳《さい》だった。

さて、件《くだん》の殺人《さつじん》ホテルだが、1895年《ねん》8月《がつ》に放火《ほうか》されたものの建物《たてもの》はそのまま残《のこ》されていたようだ。しかし1938年《ねん》に取《と》り壊《こわ》され、今《いま》はもうない。

こんな話《はなし》もある。1914年《ねん》、ホームズのホテルの管理人《かんりにん》が自殺《じさつ》をした。彼《かれ》の寝室《しんしつ》には、「眠《ねむ》れなかった」と書《か》かれたメモが残《のこ》されていた。管理人《かんりにん》の親戚《しんせき》は、「彼《かれ》は数《すう》か月間《げつかん》、幽霊《ゆうれい》に悩《なや》まされ、幻覚《げんかく》に苦《くる》しんでいた」

と話《はな》していたという。

未解決事件

誰《だれ》もが犯罪者《はんざいしゃ》になれると証明《しょうめい》した ミルグラム実験《じっけん》

恐怖度 ★★★
悲哀度 ★★★
歴史影響度 ★★★★★

心理学者《しんりがくしゃ》スタンレー・ミルグラムによる「ミルグラム実験《じっけん》」という有名《ゆうめい》な心理《しんり》実験《じっけん》がある。

第二次世界大戦《だいにじせかいたいせん》が終《お》わり、各国《かっこく》が日常《にちじょう》を取《と》り戻《もど》しつつあった頃《ころ》、ミルグラムはあるニュースに目《め》を止《と》めた。

ナチスドイツの親衛隊《しんえいたい》で、数百万人《すうひゃくまんにん》ものユダヤ人《じん》を虫《むし》でも殺《ころ》すように虐殺《ぎゃくさつ》したホロコーストの責任者《せきにんしゃ》アイヒマンがアルゼンチンに逃亡《とうぼう》したという。そして、アルゼンチンで妻《つま》と愛情深《あいじょうぶか》い生活《せいかつ》を送《おく》っているのだと。

「彼《かれ》は、普通《ふつう》の人間《にんげん》なのか?」

両親《りょうしん》がユダヤ人《じん》のミルグラムは、アイヒマンの人間《にんげん》らしい部分《ぶぶん》に驚《おどろ》いたのだ。

そこでミルグラムは、普通《ふつう》の人間《にんげん》が命令《めいれい》によって、どこまで非情《ひじょう》になれるかという心理実験《しんりじっけん》を行《おこな》った。

電流《でんりゅう》が流《なが》れるボタン

実験方法《じっけんほうほう》は簡単《かんたん》だ。役者《やくしゃ》を集《あつ》め、クジで教師役《きょうしやく》と生徒役《せいとやく》に分《わ》け、それぞれの役《やく》を演《えん》じさせる。

生徒役《せいとやく》には単語《たんご》の問題《もんだい》が出《だ》され、間違《まちが》えると電気《でんき》ショックが与《あた》えられる。

電流《でんりゅう》ボタンを押《お》すのは、教師役《きょうしやく》の役目《やくめ》だ。45ボルトから15ボルトずつ上《あ》げていくボタンが与《あた》えられ、生徒役《せいとやく》が問題《もんだい》を間《ま》違《ちが》える度《たび》に、押《お》す電流《でんりゅう》ボタンのレベルを上《あ》げさせていく。

その度《たび》に隣室《りんしつ》から生徒役《せいとやく》の悲鳴《ひめい》が聞《き》こ

えてくるが、どこまで、ボタンを押《お》し続《つづ》けることができるかというものだ。

実《じつ》はこのボタンにはある仕掛《しか》けがされていた。実験対象《じっけんたいしょう》となったのは教師役《きょうしやく》だけで、生徒役《せいとやく》は仕掛《しか》け人側《にんがわ》だった。

つまり、悲鳴《ひめい》は全《すべ》て演技《えんぎ》なのだ。

悲痛《ひつう》な叫《さけ》び

さて、生徒役《せいとやく》たちはわざと答《こた》えを間違《まちが》え、教師役《きょうしやく》にボタンを押《お》させた。

「もう実験《じっけん》をやめてくれ！」

「このままだと死《し》んでしまう！」

など、演技《えんぎ》には鬼気迫《ききせま》るものがあった。悲痛《ひつう》な叫《さけ》び声《ごえ》にボタンを押《お》せないと拒否《きょひ》する教師役《きょうしやく》もいた。しかし、研究員《けんきゅういん》から、

「続《つづ》けてください」

と促《うなが》されると、ほとんどの教師役《きょうしやく》はボタンを押《お》した。

最終的《さいしゅうてき》に生徒役《せいとやく》は息絶《いきた》えたと思《おも》わせるような演技《えんぎ》をしたというが、65パーセントが最後《さいご》までボタンを押《お》し切《き》ったという。

つまり、平凡《へいぼん》な市民《しみん》でも、一定《いってい》の条件下《じょうけんか》に置《お》かれると、冷酷《れいこく》で非人道的《ひじんどうてき》な行為《こうい》を行《おこな》うことが証明《しょうめい》されたのだ。

それは日常生活《にちじょうせいかつ》にも……

「でもそれは、戦後《せんご》すぐだからでは？」

「自分《じぶん》なら誰《だれ》に命令《めいれい》されても絶対《ぜったい》にそんな残酷《ざんこく》なことはできない」

と思《おも》う人《ひと》もいるかもしれない。

しかし、ポーランドで「2015年《ねん》の現代《げんだい》でも、人《ひと》は人《ひと》に電気《でんき》ショックを与《あた》えられるか」という実験《じっけん》がなされた際《さい》、なんと90パーセントが最後《さいご》まで電気《でんき》ショックのボタンを押《お》し続《つづ》けたという。

さて、果《は》たしてあなたは、こうした状況《じょうきょう》でボタンを押《お》さずにいられるだろうか。

シリアルキラー

暗号文《あんごうぶん》と挑戦状《ちょうせんじょう》で警察《けいさつ》を翻弄《ほんろう》した

ゾディアック事件《じけん》

恐怖度
★★★
悲哀度
★
歴史影響度
★★★

「ゾディアック事件《じけん》」も、アメリカ犯罪《はんざい》史《し》の中《なか》で有名《ゆうめい》な事件《じけん》のひとつだ。

殺害現場《さつがいげんば》はいずれもサンフランシスコ州《しゅう》で、殺《ころ》された被害者《ひがいしゃ》は5人《にん》。名《な》だたるシリアルキラーに比《くら》べ派手《はで》さはないが、新聞社《しんぶんしゃ》に暗号文《あんごうぶん》を送《おく》り、警察《けいさつ》に挑戦状《ちょうせんじょう》を叩《たた》きつけた、という意味《いみ》では特異《とくい》な犯罪《はんざい》者《しゃ》だった。

私《わたし》の名前《なまえ》はゾディアック

1968年《ねん》12月《がつ》、車《くるま》の中《なか》にいた10代《だい》のカップルが、ピストルで撃《う》たれて殺《ころ》された。

その翌年《よくねん》の7月《がつ》、またもや駐車場《ちゅうしゃじょう》にいた若《わか》いカップルをねらった発砲事件《はっぽうじけん》が起《お》きた。この時《とき》は女性《じょせい》は亡《な》くなったが、男性《だんせい》は一命《いちめい》をとりとめた。男性《だんせい》は、

「銃《じゅう》を撃《う》った男《おとこ》は、20代後半《だいこうはん》から30代《だい》の白人男性《はくじんだんせい》で、丸顔《まるがお》で小太《こぶと》りだった」

と証言《しょうげん》をしたが、犯人《はんにん》は見《み》つからなかった。

そんな時《とき》、警察《けいさつ》に一件《いっけん》の電話《でんわ》が入《はい》った。電話《でんわ》の主《ぬし》はなんと、

「カップルを撃《う》ったのは自分《じぶん》だ。前年《ぜんねん》に起《お》きたカップルの殺人事件《さつじんじけん》も自分《じぶん》がやった」

と、主張《しゅちょう》。さらに殺害《さつがい》の状況《じょうきょう》について得意《とくい》げに話《はな》し、電話《でんわ》を切《き》った。

しばらくして、複数《ふくすう》の新聞社《しんぶんしゃ》に手紙《てがみ》が届《とど》いた。いずれも、差出人《さしだしにん》は犯人《はんにん》を名乗《なの》り、警察《けいさつ》を嘲笑《ちょうしょう》するメッセージと、謎《なぞ》の暗号文《あんごうぶん》が封入《ふうにゅう》されていた。

手紙《てがみ》には「ゾディアック」という名前《なまえ》が記《しる》されていた。この時《とき》から、これらの連続殺人《れんぞくさつじん》は「ゾディアック事件《じけん》」と呼《よ》ばれるようになった。

第《だい》3、第《だい》4の事件発生《じけんはっせい》！

そうこうしているうちに同年《どうねん》の9月《がつ》、カップルが何者《なにもの》かに刃物《はもの》で襲《おそ》われた。このときも女性《じょせい》は亡《な》くなったが、男性《だんせい》のほうは生《い》きていた。

被害者《ひがいしゃ》の車《くるま》のドアには……ペンで謎《なぞ》の記号《きごう》と、先《さき》の2件《けん》の殺害事件《さつがいじけん》の日付《ひづけ》などが書《か》かれていた。これは新聞社《しんぶんしゃ》に送《おく》られた、ゾディアックのものと一致《いっち》した。

翌月《よくげつ》、タクシー運転手《うんてんしゅ》が銃殺《じゅうさつ》された。遺体《いたい》のシャツは引《ひ》きちぎられ、財布《さいふ》と鍵《かぎ》が抜《ぬ》き取《と》られていた。

続《つづ》く、挑発文《ちょうはつぶん》と暗号文《あんごうぶん》

タクシー運転手《うんてんしゅ》の殺害事件《さつがいじけん》から3日後《かご》、サンフランシスコ警察《けいさつ》はゾディアックか

らの手紙《てがみ》を受《う》け取《と》った。封筒《ふうとう》にはタクシー運転手《うんてんしゅ》の殺害《さつがい》の詳細《しょうさい》が記《しる》された手紙《てがみ》とともに、血《ち》のついたシャツの一部《いちぶ》が入《い》れられていた。

調査《ちょうさ》の結果《けっか》、シャツの血《ち》はタクシー運《うん》転手《てんしゅ》のものだった。

その翌日《よくじつ》、新聞社《しんぶんしゃ》にもゾディアックから手紙《てがみ》が届《とど》いた。こちらも中身《なかみ》は、手紙《てがみ》と血《ち》まみれのシャツの切《き》れ端《はし》だった。

メディアは連日《れんじつ》のように事件《じけん》を取《と》り上《あ》げた。事件《じけん》のミステリー性《せい》と警察《けいさつ》を小馬《こば》鹿《か》にした態度《たいど》に、人々《ひとびと》はゾディアックに強《つよ》く興味《きょうみ》をひかれていった。

恐怖《きょうふ》のメッセージ

さて、この暗号《あんごう》文だが、最初《さいしょ》の暗号文《あんごうぶん》は新聞《しんぶん》で公表《こうひょう》された数日後《すうじつご》には、解読《かいどく》されている。曰《いわ》く、

「私《わたし》は人《ひと》を殺《ころ》すのが好《す》きだ」

「人間《にんげん》はすべての動物《どうぶつ》の中《なか》で最《もっと》も危険《きけん》な動物《どうぶつ》なので、森《もり》で野生《やせい》の獲物《えもの》を殺《ころ》すよりも楽《たの》しい」

などと書《か》かれていたという。

一方《いっぽう》、二通目《につうめ》の暗号文《あんごうぶん》は、2020年《ねん》になって3人《にん》のアマチュアのチームによって解読《かいどく》された。そこには、

「親愛《しんあい》なる編集者《へんしゅうしゃ》、私《わたし》はハーマン湖《こ》での最後《さいご》のクリスマスに二人《ふたり》のティーンエイジャーを殺《ころ》した犯人《はんにん》です」

「私《わたし》の手紙《てがみ》が新聞《しんぶん》の一面《いちめん》に印刷《いんさつ》されていなければ、さらに攻撃《こうげき》する」

という、脅迫《きょうはく》と殺人《さつじん》の詳細《しょうさい》が記《しる》されていたという。また、

「私《わたし》はガス室《しつ》を恐《おそ》れていない。なぜならまたたくまに私《わたし》をパラダイスへ送《おく》ってくれるからだ」

と書《か》き加《くわ》えられていたそうだ。

途絶《とだ》えた手紙《てがみ》

ゾディアックは新聞社《しんぶんしゃ》にあてて、事件《じけん》発生《はっせい》から1974年《ねん》まで、5年間《ねんかん》に渡《わた》って手紙《てがみ》を何通《なんつう》も送《おく》りつけた。

「私《わたし》は今《いま》まで37人《にん》を殺害《さつがい》した。事件《じけん》を新聞《しんぶん》で一層大《いっそうおお》きく取《と》り扱《あつか》わないと『何《なに》かすさまじいこと』をやる」

という手紙《てがみ》を最後《さいご》に音信《おんしん》は途絶《とだ》えたが、警察《けいさつ》や連邦捜査局《れんぽうそうさきょく》（FBI《エフビーアイ》）による捜査《そうさ》は続《つづ》けられていた。そのため、何度《なんど》か「犯人特定《はんにんとくてい》」の一報《いっぽう》が出《だ》された。しかし、いずれも決《き》め手《て》には欠《か》けた。

近年《きんねん》になるとAI《エーアイ》（人工知能《じんこうちのう》）を用《もち》いた捜査《そうさ》も行《おこな》われたが、こちらも犯人逮捕《はんにんたいほ》には結《むす》びついていない。

犯人《はんにん》の特定《とくてい》に成功《せいこう》か⁉

ところが2021年《ねん》、未解決事件《みかいけつじけん》の専門家《せんもんか》チームが、

「ゾディアック事件《じけん》の犯人《はんにん》を特定《とくてい》した」

と発表《はっぴょう》した。容疑者《ようぎしゃ》の名《な》は、ゲイリー・フランシス・ポステ。

風貌《ふうぼう》はゾディアックに対峙《たいじ》したことのある4人《にん》の証言《しょうげん》と一致《いっち》しており、ポステが所有《しょゆう》する写真《しゃしん》の中《なか》に、ゾディアックを思《おも》わせるものもあったという。

さらに、ポステと近《ちか》い関係《かんけい》にあった女性《じょせい》たちから、

「ポステから、自分《じぶん》はゾディアック事件《じけん》の犯人《はんにん》だったと聞《き》かされていた」

という証言《しょうげん》もあがっているという。

もっとも事件《じけん》を捜査《そうさ》し続《つづ》けているFBIの回答《かいとう》はなく、DNA《ディーエヌエー》鑑定《かんてい》が進《すす》められているというが……。

肝心《かんじん》のポステは、2018年《ねん》にすでに他界《たかい》しているのだそうだ。

シリアルキラー

被害者《ひがいしゃ》をアラスカの野《の》に放《はな》ち殺《ころ》した

ブッチャーベイカー

恐怖度 ★★★★
悲哀度 ★
歴史影響度 ★★★

ロバート・ハンセンは、メディアに「ブッチャーベイカー（屠殺《とさつ》パン屋《や》）」と呼《よ》ばれてたシリアルキラーだ。

ハンセンは1971年《ねん》から1983年《ねん》の間《あいだ》、アラスカ州《しゅう》アンカレッジ周辺《しゅうへん》で少《すく》なくとも17人《にん》の女性《じょせい》を殺害《さつがい》している。

その方法《ほうほう》は残忍《ざんにん》で、アラスカの荒野《こうや》に女性《じょせい》を放《はな》つ。ある程度逃《ていどに》げたところで追《お》いかけ、ライフルとナイフで、狩《か》りをするように殺《ころ》しを楽《たの》しんだというのだ。

助《たす》けて！　殺《ころ》される！

1983年《ねん》6月《がつ》13日《にち》、半裸《はんら》の女性《じょせい》が道端《みちばた》で一台《いちだい》のトラックに助《たす》けをもとめた。女性《じょせい》はまだ17歳《さい》。手首《てくび》には手錠《てじょう》がかけられていた。

「どうした、何《なに》があったんだ！」

トラック運転手《うんてんしゅ》はすぐに女性《じょせい》の助《たす》けに応《おう》じた。そして女性《じょせい》を安全《あんぜん》な場所《ばしょ》まで送《おく》り届《とど》けると、警察《けいさつ》に通報《つうほう》をした。

少女《しょうじょ》が話《はな》すには、

「言《い》うことを聞《き》いたら、お金《かね》をあげるよ」

というハンセンの誘《さそ》い文句《もんく》にのり、車《くるま》に乗《の》り込《こ》んだ。ところがその瞬間《しゅんかん》、銃口《じゅうこう》を突《つ》き付《つ》けられ、ハンセンの自宅《じたく》に連《つ》れて行《い》かれたのだという。

そこでは拷問《ごうもん》や暴行《ぼうこう》が待《ま》っていた。さらに逃《に》げられないように首輪《くびわ》をつけられ、鎖《くさり》につながれた。しばらくして、

「行《い》くぞ」

と、ハンセンに外出《がいしゅつ》を促《うなが》された。車《くるま》に乗《の》り、向《む》かった先《さき》は飛行場《ひこうじょう》。道中《どうちゅう》、ハンセンは無情《むじょう》にも、

「お前《まえ》を郊外《こうがい》の小屋《こや》に連《つ》れて行《い》く。荒野《こうや》の一軒家《いっけんや》だから、一生《いっしょう》逃《に》げられない」

と告《つ》げたのだという。

「殺《ころ》される」と察知《さっち》した女性《じょせい》は、ハンセンが飛行機《ひこうき》の準備《じゅんび》をしている隙《すき》をついて、こっそり逃《に》げ出《だ》した。

車《くるま》に戻《もど》ったハンセンは、女性《じょせい》がいないことにすぐに気付《きづ》いた。

「しまった、逃《に》げられた！」

しかし後《あと》の祭《まつ》り。すでに女性《じょせい》は通《とお》りまで駆《か》け出《だ》していて、トラックに乗《の》り込《こ》むところだった。

ベテラン刑事《けいじ》の勘《かん》

警察《けいさつ》で事情《じじょう》を聞《き》かれたハンセンは、一部《いちぶ》、女性《じょせい》の作《つく》り話《ばなし》だと述《の》べた。

ハンセンには前科《ぜんか》はあったが、いかにもやさしそうで、評判《ひょうばん》のいいパン職人《しょくにん》だったこともあり、すぐに釈放《しゃくほう》されてしまった。

ただ、アラスカ州警察《しゅうけいさつ》のグレン・フロス刑事《けいじ》は、深《ふか》く考《かんが》えこんでいた。

ちょうどその頃《ころ》フロスは、遺体《いたい》になって発見《はっけん》された3人《にん》の女性《じょせい》の捜査《そうさ》にあたっていた。この遺体《いたい》のいずれもが、ハンセンの小屋《こや》の近《ちか》くで発見《はっけん》されていた。

フロスは、3人《にん》を殺害《さつがい》した犯人《はんにん》は同一《どういつ》人物《じんぶつ》だと考《かんが》えた。

そこで、FBI《エフビーアイ》に3つの遺体《いたい》に関《かん》するデータを提出《ていしゅつ》し、プロファイリング（犯《はん》行《こう》の状況《じょうきょう》や被害者《ひがいしゃ》のデータから、犯人《はんにん》の推定《すいてい》を行《おこな》うこと）を依頼《いらい》した。

暴《あば》かれた、数々《かずかず》の犯罪《はんざい》

しばらくして、プロファイリングの結果《けっか》が送《おく》られてきた。

見《み》ると犯人《はんにん》は、自尊心《じそんしん》が低《ひく》く、女性《じょせい》に拒絶《きょぜつ》された過去《かこ》があり、被害者《ひがいしゃ》の持《も》ち物《もの》をコレクションしていて、飛行機《ひこうき》を所有《しょゆう》し……、さらに年齢層《ねんれいそう》やビジュアル、居住地《きょじゅうち》など、ほぼハンセンのプロフィールと一致《いっち》していた。

そこで1983年《ねん》、ついにフロスは捜査官《そうさかん》たちを連《つ》れ、ハンセンの家《いえ》の家宅捜索《かたくそうさく》を決行《けっこう》した。

結果《けっか》、ハンセンが所有《しょゆう》する小屋《こや》の屋根《やね》裏部屋《うらべや》から、行方不明《ゆくえふめい》の女性《じょせい》の持《も》ち物《もの》などが発見《はっけん》された。

もちろんハンセンは、即座《そくざ》に犯行《はんこう》を否定《ひてい》した。

しかし次々《つぎつぎ》と見《み》つかる証拠《しょうこ》を突《つ》きつけられ、ついに自供《じきょう》した。

被害者《ひがいしゃ》の数《かず》は30人以上《にんいじょう》。16歳《さい》から41歳《さい》までの少《すく》なくとも17人《にん》の女性《じょせい》を殺害《さつがい》したといわれている。

懲役《ちょうえき》461年《ねん》!

さて、裁判所《さいばんじょ》はハンセンに461年《ねん》の懲役刑《ちょうえきけい》を宣告《せんこく》した。アラスカなどアメリカの一部《いちぶ》の州《しゅう》には死刑制度《しけいせいど》がなく、罪《つみ》に応《おう》じて懲役刑《ちょうえきけい》が加算《かさん》されていく。そのため、懲役数千年《ちょうえきすうせんねん》という犯罪者《はんざいしゃ》が何人《なんにん》も存《そん》在《ざい》する。

ちなみにアメリカで最《もっと》も刑期《けいき》の長《なが》い囚《しゅう》人《じん》はチャールズ・スコット・ロビンソンという男性《だんせい》で、なんと懲役約《ちょうえきやく》3万年《まんねん》だといわれている。

結局《けっきょく》ハンセンは2014年《ねん》8月《がつ》21日《にち》に亡《な》くなった。75歳《さい》だった。

ミステリースポット

飲《の》み込《こ》まれたら最後《さいご》、魔《ま》の三角地帯《さんかくちたい》

アラスカ・トライアングル

恐怖度 ★★★★
悲哀度 ★★★★
歴史影響度 ★★★

「バミューダ・トライアングル」という、北《きた》アメリカ沖《おき》、北大西洋《きたたいせいよう》の一部《いちぶ》のエリアを指《さ》すミステリースポットがある。

このエリアは昔《むかし》から、

「この魔《ま》の三角地帯《さんかくちたい》に入《はい》ると、船《ふね》や飛行《ひこう》機《き》、もしくは乗務員《じょうむいん》のみが消失《しょうしつ》してしまうことがある」

と、恐《おそ》れられてきた。

事実《じじつ》、19世紀半《せいきなか》ばから今日《きょう》まで、50せき以上《いじょう》の船《ふね》と20機《き》以上《いじょう》の飛行機《ひこうき》が行方不《ゆくえふ》明《めい》になっている。そして、その無《な》くなり方《かた》がどれも異常《いじょう》なのだ。

もともとこの海域《かいいき》は潮《しお》の流《なが》れが急《きゅう》だ。

そのせいも大《おお》きいとは言《い》われている。また、古《ふる》い話《はなし》には尾《お》ひれがついて、ほとんどが「伝説《でんせつ》」化《か》している。

2000年《ねん》に入《はい》ってからも!!

しかし、今世紀《こんせいき》に入《はい》ってからも、例《たと》えば2005年《ねん》に消息《しょうそく》を絶《た》った飛行機《ひこうき》は、残骸《ざんがい》すら発見《はっけん》されていない。

2015年《ねん》に行方不明《ゆくえふめい》になった貨物船《かもつせん》は1か月後《げつご》に発見《はっけん》されたが、不思議《ふしぎ》なことに乗組員《のりくみいん》の死体《したい》はなく、ひとり残《のこ》らず消《き》えていた。

2017年《ねん》にも、レーダーに映《うつ》っていた小型飛行機《こがたひこうき》が突然消《とつぜんき》えるという事件《じけん》があった。こちらも、未《いま》だ残骸《ざんがい》すら見《み》つかっていない。

そのため、

「別次元《べつじげん》にワープしたのではないか」

といったウワサが今《いま》でも根強《ねづよ》いが……

いずれも空想《くうそう》の域《いき》を出《で》ない。

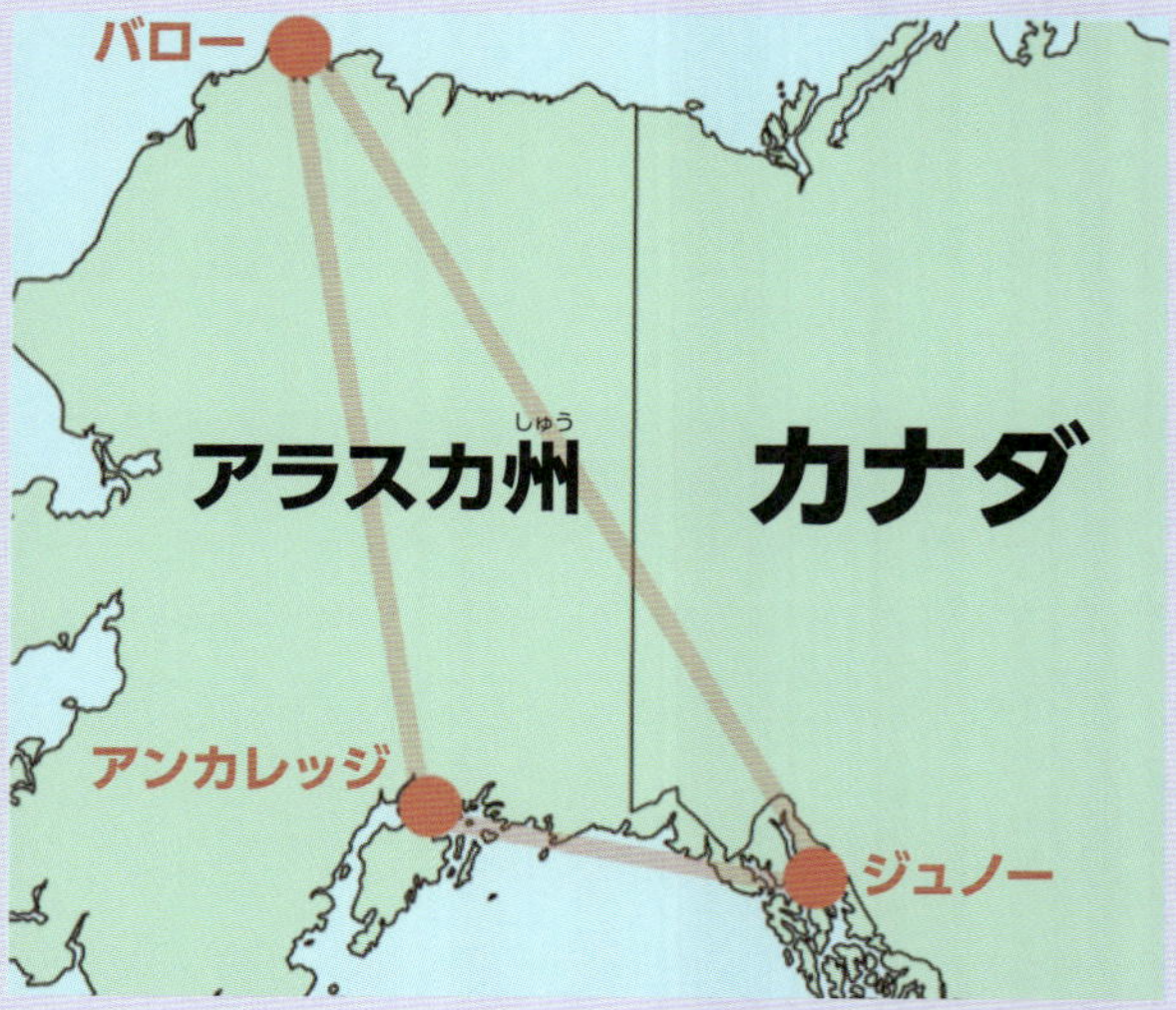

アラスカの魔《ま》の三角地帯《さんかくちたい》

さて、アラスカにも、謎《なぞ》の失踪事件《しっそうじけん》が相次《あいつ》ぐ「アラスカ・トライアングル」という魔《ま》の三角地帯《さんかくちたい》が存在《そんざい》する。

アラスカ・トライアングルは、アラスカ南部《なんぶ》の州最大《しゅうさいだい》の都市《とし》アンカレッジ、南《なん》東部《とうぶ》にある州都《しゅうと》ジュノー、州北海岸《しゅうきたかいがん》の町《まち》バローを結《むす》んだ広大《こうだい》な三角地帯《さんかくちたい》だ。

1972年《ねん》10月《がつ》、アンカレッジの空港《くうこう》から飛《と》びたった一機《いっき》の小型《こがた》ジェット機《き》が消《き》えた。

ジェット機《き》にはアメリカの下院議員《かいんぎいん》らが乗《の》り込《こ》んでいたこともあり、アメリカ中《じゅう》が騒然《そうぜん》となった。

「議員《ぎいん》たちに一体《いったい》、何《なに》が起《お》こったのか」

「一刻《いっこく》も早《はや》く探《さが》し出《だ》せ！」

と、50機《き》の民間航空機《みんかんこうくうき》、40機《き》の軍用機《ぐんようき》、そして数十《すうじっ》せきのボートによって、空《そら》、陸《りく》、水上《すいじょう》での捜索《そうさく》が1か月以上《げついじょう》に渡《わた》って行《おこな》われたが、未《いま》だ飛行機《ひこうき》の破片《はへん》すら見《み》つかっていない。

次々《つぎつぎ》に起《お》こる、「消失《しょうしつ》」

これだけではない。このエリアでの飛行機《ひこうき》の墜落《ついらく》やハイカーの行方不明《ゆくえふめい》は今《いま》も多発《たはつ》し続《つづ》けている。

1988年《ねん》以降《いこう》の統計《とうけい》によると、アラスカ・トライアングル内《ない》だけで、これまでに1万《まん》6千人《せんにん》以上《いじょう》が行方不明《ゆくえふめい》になっているという。

アメリカ全土《ぜんど》の年間《ねんかん》の行方不明者数《ゆくえふめいしゃすう》は

人口《じんこう》1000人《にん》あたり1～2人であるのに対《たい》して、アラスカ・トライアングル内《ない》では1000人《にん》あたり4人《にん》であることを考《かんが》えると、非常《ひじょう》に大《おお》きな数字《すうじ》であることが分《わ》かる。

もちろん、当局《とうきょく》はその都度《つど》救助活動《きゅうじょかつどう》を行《おこな》っている。しかし、行方不明者《ゆくえふめいしゃ》や証拠《しょうこ》が見《み》つかることはほぼないのだそうだ。

ちなみに、このエリアで行方不明《ゆくえふめい》になった飛行機《ひこうき》は8機《き》もあるが、いずれも墜落《ついらく》した痕跡《こんせき》すら見《み》つかっていない。

過酷《かこく》な自然環境《しぜんかんきょう》が原因《げんいん》か

これらの消失《しょうしつ》について、これまで様々《さまざま》な議論《ぎろん》がなされてきた。

悪天候説《あくてんこうせつ》、北極《ほっきょく》に近《ちか》いエリアにあることから、「電磁変動《でんじへんどう》が起《お》きている」という説《せつ》、クシュタカというモンスターの襲撃説《しゅうげきせつ》、エイリアンによる誘拐説《ゆうかいせつ》まである。

最《もっと》も有力《ゆうりょく》だといわれているのが、「信《しん》じられないほど広大《こうだい》で、手《て》つかずの自然《しぜん》に飲《の》み込《こ》まれた」という説《せつ》だ。

アメリカ最大《さいだい》の州《しゅう》・アラスカの面積《めんせき》は日本《にっぽん》の約《やく》4倍《ばい》。アメリカ合衆国《がっしゅうこく》の領土《りょうど》の約《やく》7分《ぶん》の1を占《し》める。湖《みずうみ》の数《かず》も300万《まん》を超《こ》える。

魔《ま》の三角地帯内《さんかくちたいない》はその中《なか》でも最《もっと》も険《けわ》しい荒野《こうや》が広《ひろ》がる。うっそうとした林《はやし》、ごつごつとした山頂《さんちょう》、点在《てんざい》する湖《みずうみ》、さらに冬《ふゆ》は、州全体《しゅうぜんたい》が雪《ゆき》と氷《こおり》で覆《おお》われる。過酷《かこく》な環境《かんきょう》を思《おも》うと、人々《ひとびと》が行方不明《ゆくえふめい》になることは驚《おどろ》くべきことではないのかもしれない。

ただ、全米《ぜんべい》50州中《しゅうちゅう》、人口密度《じんこうみつど》が最《もっと》も低《ひく》いことを考《かんが》えると、いささか多《おお》すぎる数値《すうち》ではあるが……。

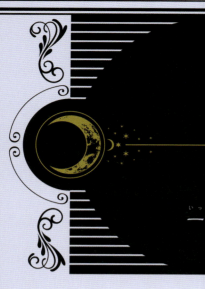

カナダ

カナダもアメリカ同様《どうよう》に1931年《ねん》に
イギリス領《りょう》から独立《どくりつ》した新《あたら》しい国《くに》だ。
一方《いっぽう》で、以前《いぜん》から歴史《れきし》を築《きず》いてきた先住民《せんじゅうみん》らは多《おお》く、
過去《かこ》の争《あらそ》いに今《いま》なお、苦《くる》しむ人《ひと》たちも、存在《そんざい》する。

国家・政府

寄宿舎《きしゅくしゃ》の跡地《あとち》から次々《つぎつぎ》と子《こ》どもの遺骨《いこつ》が！

カムループス先住民寄宿学校《せんじゅうみんきしゅくがっこう》

恐怖度 ★★★★★
悲哀度 ★★★★
歴史影響度 ★★

2021年《ねん》5月《がつ》、カナダ西部《せいぶ》に位置《いち》する、ブリティッシュコロンビア州《しゅう》のカムループスにある先住民寄宿学校跡《せんじゅうみんきしゅくがっこうあと》から、在籍《ざいせき》していた215人《にん》の子《こ》どもの遺骨《いこつ》が発見《はっけん》された。遺体《いたい》の中《なか》には3歳児《さいじ》も含《ふく》まれていたという。

なぜこの場所《ばしょ》に大量《たいりょう》の遺体《いたい》が埋《う》められたのだろうか。

先住民《せんじゅうみん》との争《あらそ》いの歴史《れきし》

アメリカ大陸《たいりく》や、オーストラリアには何千年《なんぜんねん》、何万年《なんまんねん》も前《まえ》から住《す》んでいる人《ひと》たちがいた。彼《かれ》らは独自《どくじ》の言語《げんご》を持《も》ち、文《ぶん》化《か》を育《はぐく》んでいた。

そこへ15世紀《せいき》半《なか》ばから17世紀《せいき》半《なか》ばにかけて、ヨーロッパから大量《たいりょう》に人《ひと》が移《うつ》り住《す》むようになる。この時期《じき》は、「大航海時代《だいこうかいじだい》」とよばれる。

さて、ヨーロッパの人々《ひとびと》にとって住《す》みやすく魅力的《みりょくてき》な場所《ばしょ》には、もともとの住《じゅう》民《みん》が暮《く》らしていた。そのため、土地《とち》を巡《めぐ》る争《あらそ》いが起《お》きた。

戦《たたか》いは銃《じゅう》などの武器《ぶき》を持《も》つヨーロッパ勢《ぜい》が圧勝《あっしょう》した。先住民《せんじゅうみん》たちは多《おお》くの犠牲《ぎせい》者《しゃ》を出《だ》し、土地《とち》を追《お》い出《だ》された。

先住民《せんじゅうみん》との同一化政策《どういつかせいさく》

そんな先住民《せんじゅうみん》のためにヨーロッパ人《じん》たちは「インディアン（先住民《せんじゅうみん》）居留地《きょりゅうち》」を作《つく》った。さらに衣食住《いしょくじゅう》も保証《ほしょう》するとし、「先住民《せんじゅうみん》の子《こ》どもたちにも、カナダ国民《こくみん》の一員《いちいん》としての教育《きょういく》を施《ほどこ》します」

と、寄宿学校《きしゅくがっこう》を各地《かくち》に設立《せつりつ》した。

ここまで聞《き》くと、「いいこと」のように感《かん》じられるかもしれない。

しかし実際《じっさい》は、3歳以上《さいいじょう》の子《こ》どもの施《し》設《せつ》への入所《にゅうしょ》を義務《ぎむ》づけ、英語《えいご》を使《つか》うことを強制《きょうせい》した。子《こ》どもたちが先住民《せんじゅうみん》の言葉《ことば》を話《はな》すと罰《ばつ》が与《あた》えられたという。

さらに寄宿学校《きしゅくがっこう》では、子《こ》どもたちは放《ほう》置《ち》され、身体的《しんたいてき》、精神的《せいしんてき》な虐待《ぎゃくたい》を受《う》け、言葉《ことば》の暴力《ぼうりょく》を浴《あ》びせられていたという。

「ある日《ひ》、突然同級生《とつぜんどうきゅうせい》がいなくなった」

という話《はなし》や、

「むりやり墓掘《はかほ》りをさせられた」

「先生《せんせい》が生徒《せいと》を殺《ころ》すところを目撃《もくげき》した」

という証言《しょうげん》も多《おお》い。実際《じっさい》、オンタリオ州北部《しゅうほくぶ》にある寄宿学校《きしゅくがっこう》には、生徒《せいと》に罰《ばつ》を与《あた》えるための電気椅子《でんきいす》が設置《せっち》されていたという。また、1940年代《ねんだい》には、6か所《しょ》の学校《がっこう》で子《こ》どもたちを実験台《じっけんだい》に栄養実験《えいようじっけん》が行《おこな》われ、餓死者《がししゃ》が出《で》ている。

もちろん中《なか》には逃《に》げ出《だ》す子《こ》どももいたが、無事《ぶじ》に家《いえ》へ帰《かえ》りついたのはわずかだった。

こうした寄宿学校《きしゅくがっこう》は1830年代《ねんだい》から、なんと1998年《ねん》まで存在《そんざい》した。

負《ふ》の歴史《れきし》の解消《かいしょう》

といっても、こうした過去《かこ》に心《こころ》を痛《いた》める、ヨーロッパからの移民《いみん》は多《おお》い。

遺骨《いこつ》の発見《はっけん》を受《う》け、子《こ》ども用《よう》の靴《くつ》を並《なら》べて追悼《ついとう》する光景《こうけい》がカナダ各地《かくち》で見《み》られた。また、ジャスティン・トルドー首相《しゅしょう》は記者会見《きしゃかいけん》で、

「父親《ちちおや》として、子《こ》どもを無理《むり》やり取《と》り上《あ》げられたらどう感《かん》じるのか、想像《そうぞう》すらできない」

と話《はな》している。

未解決事件

涙《なみだ》のハイウェイ16号《ごう》

ヒッチハイクをしたら、帰《かえ》ってこられない!?

恐怖度 ★★★
悲哀度 ★★★★★
歴史影響度 ★

カナダには太平洋岸《たいへいようがん》と大西洋岸《たいせいようがん》を結《むす》ぶ、「トランスカナダハイウェイ」と呼《よ》ばれる道路《どうろ》がある。

日本《にっぽん》の高速道路《こうそくどうろ》のように信号《しんごう》がなく、スピードが出《だ》せる区間《くかん》が多《おお》いが、無料《むりょう》だということもあり、便利《べんり》に使用《しよう》されている。一方《いっぽう》で、残虐《ざんぎゃく》な事件《じけん》が起《お》きている場《ば》所《しょ》でもある。

特《とく》にハイウェイ16号線《ごうせん》は、別名《べつめい》「涙《なみだ》のハイウェイ」と呼《よ》ばれるほど事件《じけん》が多《おお》い場所《ばしょ》だ。

太平洋岸《たいへいようがん》にあるブリティッシュコロンビア州《しゅう》から東《ひがし》へ伸《の》びる約《やく》750キロメートルのハイウェイなのだが、この道路《どうろ》で多《おお》くの人《ひと》が姿《すがた》を消《け》しているのだ。

獲物《えもの》はどこだ……

狙《ねら》われるのは、ヒッチハイクをする人《ひと》たちだ。

この区間《くかん》は、格安《かくやす》のバスが運行《うんこう》されてはいるが、時間通《じかんどお》りに来《こ》ないこともしばしばある。待《ま》ちかねてヒッチハイクした、その時《とき》を犯罪者《はんざいしゃ》は狙《ねら》うのだ。

特《とく》に近隣《きんりん》に住《す》む先住民《せんじゅうみん》は、車《くるま》を持《も》たない人《ひと》が多《おお》い。そのため、先住民《せんじゅうみん》の女性《じょせい》たちは危険性《きけんせい》を熟知《じゅくち》しつつも、

「仕事《しごと》に間《ま》に合《あ》わない！」

などと、ヒッチハイクしてしまう。

そんな女性《じょせい》たちの弱《よわ》みにつけこんで、連《つ》れ去《さ》ろうという人《ひと》たちがハイエナのようにこの道路《どうろ》を往復《おうふく》しているという。

連《つ》れ去《さ》られた女性《じょせい》たちは、遺体《いたい》となって道路《どうろ》に打《う》ち捨《す》てられることもある。「涙《なみだ》のハイウェイ」と呼《よ》ばれるのはそのためだ。

「涙《なみだ》のハイウェイ」上《じょう》で消《き》えた女性《じょせい》はこれまでに警察《けいさつ》の公式統計《こうしきとうけい》だけで、18人《にん》もいるという。しかし、先住民《せんじゅうみん》たちは、

「それよりも人数《にんずう》ははるかに多《おお》い」

と、訴《うった》えている。

実際《じっさい》、自分《じぶん》の妻《つま》や母《はは》、娘《むすめ》が帰《かえ》って来《き》ていないのだと。

消《き》えた、キャンパー

ヒッチハイクをしなくても、事件《じけん》に巻《ま》き込《こ》まれることもある。

たとえば2011年《ねん》5月《がつ》、20歳《はたち》の女性《じょせい》が行方不明《ゆくえふめい》になった。

彼女《かのじょ》はブリティッシュコロンビア州《しゅう》にあるホグスバック湖《こ》で友人《ゆうじん》たちとパーティーを楽《たの》しみ、湖《みずうみ》のほとりのテントに泊《と》まったが……そのまま姿《すがた》を消《け》した。

友人《ゆうじん》たちが探《さが》したところ、テントのそばに停《と》められた車《くるま》の中《なか》に女性《じょせい》の財布《さいふ》だけが残《のこ》されていたという。

彼女《かのじょ》が行方不明《ゆくえふめい》になったこの湖《みずうみ》のすぐそばを通《とお》る道路《どうろ》こそが、「涙《なみだ》のハイウェイ」なのだ。

犯人《はんにん》は複数人《ふくすうにん》いる！

2014年《ねん》、1人の男性《だんせい》が4人《にん》の女性《じょせい》を殺害《さつがい》したとして有罪判決《ゆうざいはんけつ》を受《う》けた。男《だん》性《せい》は「獲物《えもの》」を「涙《なみだ》のハイウェイ」で捕《つか》まえ、殺《ころ》したという。

ただこうした逮捕《たいほ》はまれだ。

ハイウェイ上《じょう》で人《ひと》を連《つ》れ去《さ》っても証拠《しょうこ》が残《のこ》らないこともあり、警察《けいさつ》はほぼ容疑《ようぎ》者《しゃ》を特定《とくてい》できていない。

一説《いっせつ》には、「涙《なみだ》のハイウェイ」を利用《りよう》する殺人者《さつじんしゃ》は10人以上《にんいじょう》いるとも言《い》われている。

さて、このハイウェイには幽霊《ゆうれい》が出《で》るというウワサがある。しかし、「幽霊《ゆうれい》なら、むしろ怖《こわ》くない」という先住民《せんじゅうみん》は少《すく》なくない。これは、「生《い》きている人間《にんげん》の、殺人犯《さつじんはん》の方《ほう》がよっぽど怖《こわ》い」ということを、暗《あん》に示《しめ》しているのかもしれない。

メキシコ

紀元前《きげんぜん》から続《つづ》く、高度《こうど》な文明《ぶんめい》の遺跡《いせき》が
数多《かずおお》く残《のこ》るメキシコ。
ただ彼《かれ》らの神《かみ》を崇《あが》める純粋《じゅんすい》な祈《いの》りは、
現代人《げんだいじん》にとっては、恐《おそ》ろしい儀式《ぎしき》でもあった。

シリアルキラー

女性《じょせい》をバラバラにし、顔《かお》の皮《かわ》をはぐ

アンドレス・メンドーサ

恐怖度 ★★★★
悲哀度 ★
歴史影響度 ★

2021年《ねん》、一人《ひとり》のシリアルキラーがメキシコ中《じゅう》を震撼《しんかん》させた。72歳《さい》の男性《だんせい》で、名前《なまえ》はアンドレス・メンドーサ。

この年《とし》の5月《がつ》、警察《けいさつ》がメンドーサの自宅《じたく》を訪《おとず》れた。行方不明《ゆくえふめい》になっている女性《じょせい》がメンドーサと親《した》しくしているという情報《じょうほう》が入《はい》ったからだ。

激《はげ》しく抵抗《ていこう》するメンドーサを押《お》しのけ、警察《けいさつ》が室内《しつない》へ立《た》ち入《い》ると……テーブルの上《うえ》に置《お》かれた奇妙《きみょう》な物体《ぶったい》が見《み》えた。

それは、バラバラにされた行方不明《ゆくえふめい》になっていた女性《じょせい》の遺体《いたい》だった。

美《うつく》しい顔《かお》を記念《きねん》に……

遺体《いたい》は損傷《そんしょう》が激《はげ》しかった。特《とく》に頭部《とうぶ》はほぼ血《ち》の塊《かたまり》だった。

逮捕《たいほ》されたメンドーサはその理由《りゆう》を、「彼女《かのじょ》がかわいかったから、顔《かお》の皮膚《ひふ》を剥《は》がすことにした」と、述《の》べている。

それだけではない。家《いえ》の中《なか》を調査《ちょうさ》すると、女性用《じょせいよう》の服《ふく》や靴《くつ》がいくつも出《で》てきた。

続《つづ》いて発見《はっけん》されたのは、おびただしい数《かず》の白骨《はっこつ》だ。骨《ほね》の数《かず》は4千《せん》を超《こ》えた。

さらに、女性《じょせい》たちの殺害《さつがい》を裏付《うらづ》ける、自《みずか》らの犯行《はんこう》を撮影《さつえい》したビデオテープも発見《はっけん》された。

ターゲットは一目惚《ひとめぼ》れの女性《じょせい》

調《しら》べが進《すす》むうちに、メンドーサはこれまでに30人《にん》もの女性《じょせい》を殺害《さつがい》していることが分《わ》かった。29人《にん》の女性《じょせい》の名前《なまえ》が記《しる》され

たノートも証拠《しょうこ》の一《ひと》つになった。

ノートによると彼《かれ》が最初《さいしょ》に女性《じょせい》を殺《ころ》したのは2001年《ねん》。地元《じもと》のバーで働《はたら》いていたノーマンという女性《じょせい》だった。

ノーマンも含《ふく》め、被害者《ひがいしゃ》はほぼ女性《じょせい》で多《おお》くはバーで出会《であ》っている。

といっても、メンドーサの一方的《いっぽうてき》な一目惚《ひとめぼ》れで、振《ふ》られた腹《はら》いせで殺害《さつがい》、というケースが多《おお》かったようだ。

ちなみにノーマンもまた、殺害後《さつがいご》に顔《かお》の皮《かわ》をはがされ、殺害《さつがい》の様子《ようす》をビデオで撮影《さつえい》されている。

では、近隣《きんりん》の住民《じゅうみん》は気《き》づかなかったのかというと、メンドーサが物静《ものしず》かな男性《だんせい》で、年配《ねんぱい》だったこともあり、疑《うたが》うことすらなかったようだ。

ただ、メンドーサの家《いえ》から
「死《し》んだ犬《いぬ》のような焦《こ》げたにおいがすることがあった」

という証言《しょうげん》もあり、遺体《いたい》を食《た》べていたというウワサもある。

シリアルキラー

共食《ともぐ》いを望《のぞ》んだ!? 人喰《ひとく》いホラー作家《さっか》

ホセ・ルイス・カルバ・セペーダ

恐怖度 ★★★
悲哀度 ★
歴史影響度 ★

女性《じょせい》のバラバラ死体《したい》といえば、ホセ・ルイス・カルバ・セペーダも名前《なまえ》の上《あ》がるシリアルキラーだ。

被害者《ひがいしゃ》は3人《にん》と、シリアルキラーにしては少《すく》なめではある。

しかし、カルバが「詩人《しじん》」で「ホラー作家《さっか》」を目指《めざ》していたことで一躍有名《いちやくゆうめい》になった。さらにカルバは、「共食《ともぐ》いの本《ほん》能《のう》」と題《だい》した小説《しょうせつ》を執筆《しっぴつ》している最中《さいちゅう》だった。

食卓《しょくたく》の肉《にく》は……人肉《じんにく》!?

「なんだこの肉《にく》は、この骨《ほね》は!」

2007年《ねん》、行方不明《ゆくえふめい》になった女性《じょせい》の捜索《そうさく》でカルバの部屋《へや》に乗《の》りこんだ捜査員《そうさいん》たちは、口々《くちぐち》に叫《さけ》んだ。


カルバの部屋《へや》のストーブの上《うえ》のフライパンには見《み》たこともないような色《いろ》をした肉《にく》の塊《かたまり》が乗《の》せられていた。

また、テーブルの皿《さら》の上《うえ》にはフォークと人間《にんげん》の腕《うで》の破片《はへん》のようなものが、食器《しょっき》棚《だな》には女性《じょせい》の胴体《どうたい》、冷蔵庫《れいぞうこ》の中《なか》には脚《あし》と腕《うで》の一部《いちぶ》、シリアルの箱《はこ》を開《あ》けると骨《ほね》が詰《つ》めこまれていた。

さらに、クローゼットの扉《とびら》を開《あ》けた警《けい》官《かん》たちは絶叫《ぜっきょう》した。中《なか》には体《からだ》のあちこちが切断《せつだん》された、女性《じょせい》の遺体《いたい》が転《ころ》がっていたからだ。

当《とう》のカルバは、逮捕《たいほ》と同時《どうじ》に病院《びょういん》に運《はこ》ばれた。アパートのバルコニーから逃《に》げようとして転落《てんらく》したためだ。

実《じつ》は、カルバが殺《ころ》した女性《じょせい》は一人《ひとり》ではなかった。

自分《じぶん》は人肉《じんにく》を食《た》べていない!

捜査《そうさ》の結果《けっか》、カルバは2004年《ねん》以降《いこう》、少《すく》なくとも二人《ふたり》の女性《じょせい》を殺害《さつがい》し、切断《せつだん》し、その肉《にく》を食《た》べていたことが分《わ》かった。

といってもカルバは、

「自分《じぶん》は人肉《じんにく》なんて食《た》べていない! 犬《いぬ》のために調理《ちょうり》していただけだ」

と否定《ひてい》した。

「確《たし》かに、女性《じょせい》は殺《ころ》した。それも薬物《やくぶつ》とアルコールのせいだ。死体《したい》も切《き》り刻《きざ》んだ。でも、食《た》べていない」

と。ただ警察《けいさつ》は、肉《にく》があまりにもきれいに加工《かこう》されていたこと、また調理《ちょうり》の際《さい》に味付《あじつ》けをした形跡《けいせき》があったことから、カルバの言《い》い分《ぶん》は信用《しんよう》されなかった。

あっけない最期《さいご》

メキシコは決《けっ》して治安《ちあん》のいい国《くに》ではない。あちこちの都市《とし》で麻薬組織《まやくそしき》（カルテル）同士《どうし》が縄張《なわば》り争《あらそ》いをし、殺人《さつじん》や強盗《ごうとう》、誘拐《ゆうかい》などの凶悪犯罪《きょうあくはんざい》も多発《たはつ》している。

それでも、人間《にんげん》を切《き》り刻《きざ》んで調理《ちょうり》するという事件《じけん》はまれで、人々《ひとびと》を震撼《しんかん》させた。

そんなカルバだが、ある日《ひ》メキシコシティの刑務所《けいむしょ》の独房《どくぼう》で、ベルトで首《くび》を吊《つ》っているのが発見《はっけん》された。

刑務所《けいむしょ》にいる間《あいだ》、カルバは意欲的《いよくてき》に、本《ほん》の執筆《しっぴつ》に取《と》り組《く》んでいた。彼《かれ》が自殺《じさつ》するようには見《み》えなかったという。

実《じつ》は、メキシコでは刑務所内《けいむしょない》の殺人事件《さつじんじけん》が決《けっ》して少《すく》なくない。

凶悪犯《きょうあくはん》たちから見《み》ても、カルバの行為《こうい》は許《ゆる》せなかったのかもしれない。

シリアルキラー

ファナ・バラサ

老女《ろうじょ》を殺《ころ》し続《つづ》けた、女性覆面《じょせいふくめん》レスラー

恐怖度 ★★★★

悲哀度 ★★★

歴史影響度 ★

ファナ・バラサもまた、有名《ゆうめい》なシリアルキラーだ。

彼女《かのじょ》が1980年《ねん》から1990年《ねん》にかけて「沈黙《ちんもく》の貴婦人《きふじん》」という名前《なまえ》でルチャ・リブレ（覆面《ふくめん》で行《おこな》う、メキシカンスタイルのプロレス）のレスラーをしていたことも理由《りゆう》のひとつだ。

また、彼女《かのじょ》のターゲットがすべて60歳《さい》以上《いじょう》の一人暮《ひとりぐ》らしの女性《じょせい》で、被害者《ひがいしゃ》が相当数存在《そうとうすうそんざい》するであろうことも、騒《さわ》ぎを大《おお》きくした。

バラサは1958年《ねん》、貧《まず》しい家庭《かてい》に生《う》まれた。アルコール中毒《ちゅうどく》の母親《ははおや》に虐《しいた》げられて育《そだ》ち、13歳《さい》の頃《ころ》、たったビール3本《ぼん》で母親《ははおや》の知《し》り合《あ》いの男性《だんせい》に売《う》られた。男性《だんせい》に引《ひ》き取《と》られてからも、ひどい虐《ぎゃく》待《たい》を受《う》けた。

バラサは老女《ろうじょ》ばかりを狙《ねら》って犯行《はんこう》を重《かさ》ねているが、

「自分《じぶん》を捨《す》てた母親《ははおや》をずっと恨《うら》んでいた。高齢《こうれい》の女性《じょせい》を狙《ねら》ったのも、母親《ははおや》と同年代《どうねんだい》だということもあったと思《おも》う」

と、語《かた》っているという。

看護師《かんごし》を装《よそお》い、被害者宅《ひがいしゃたく》へ

さて、バラサが本格的《ほんかくてき》に犯罪《はんざい》に手《て》を染《そ》め始《はじ》めたのは、1995年頃《ねんごろ》。第《だい》4子《し》の出産《しゅっさん》がきっかけだったようだ。

バラサはシングルマザーだった。当時《とうじ》バラサはすでにルチャ・リブレの仕事《しごと》をしていたが、4人《にん》の子《こ》どもを養《やしな》うにはとてもお金《かね》が足《た》りなかった。

そんな1996年《ねん》、バラサは友人《ゆうじん》の誘《さそ》いで、看護師《かんごし》を装《よそお》い、一人暮《ひとりぐ》らしの高齢《こうれい》者宅《しゃたく》で強盗《ごうとう》をはたらく。

「これはいい方法《ほうほう》だ」

と、感《かん》じたのだろう。バラサはその後《ご》一人《ひとり》で、同様《どうよう》の手口《てぐち》で強盗《ごうとう》に入《はい》ったところを友人《ゆうじん》と警察《けいさつ》に見《み》つかってしまう。

実《じつ》は友人《ゆうじん》と警察《けいさつ》はグルで、

「見逃《みのが》すかわりに、1万《まん》2千《せん》ペソ払《はら》え」

と、バラサをおどした。

バラサがルチャ・リブレでもらえる報《ほう》酬《しゅう》は1試合《しあい》300~500ペソ。年齢《ねんれい》を考《かんが》えると、とても支払《しはら》えない金額《きんがく》だった。

多発《たはつ》し始《はじ》めた強盗殺人事件《ごうとうさつじんじけん》

しばらくして、メキシコシティで高齢《こうれい》者女性《しゃじょせい》を狙《ねら》った強盗殺人事件《ごうとうさつじんじけん》が増加《ぞうか》した。犯人《はんにん》はそう、バラサだ。目撃情報《もくげきじょうほう》も寄《よ》せられたが、警察《けいさつ》は、「身長《しんちょう》180センチ程度《ていど》で恰幅《かっぷく》がいい」という話《はなし》から、犯人《はんにん》を男性《だんせい》に絞《しぼ》って捜《そう》査《さ》をしていた。

そんな警察《けいさつ》を横目《よこめ》に、バラサは看護師《かんごし》の制服《せいふく》を手《て》に入《い》れ、医療関係者《いりょうかんけいしゃ》や、ソーシャルワーカー（生活相談員《せいかつそうだんいん》）のフリをして、高齢者《こうれいしゃ》を狙《ねら》い続《つづ》けた。

一人暮《ひとりぐ》らしで、生活《せいかつ》や健康《けんこう》に不安《ふあん》を抱《かか》えている高齢者《こうれいしゃ》たちは、バラサを喜《よろこ》んで家《いえ》に招《まね》き入《い》れた。

そんな高齢者《こうれいしゃ》に対《たい》し、バラサはマッサージや、薬《くすり》や補助金《ほじょきん》の相談《そうだん》にのるフリをしてチャンスをうかがった。

そして、高齢者《こうれいしゃ》らの目《め》を盗《ぬす》んで家《いえ》の中《なか》を物色《ぶっしょく》し、金品《きんぴん》を盗《ぬす》んだ。バレた場合《ばあい》は、手《て》で首《くび》を締《し》めて殺《ころ》した。バレなくても、口封《くちふう》じのために、被害者《ひがいしゃ》の家《いえ》にある紐《ひも》で首《くび》を締《し》めた。

レスラーのキャリアがあったバラサにとって、高齢《こうれい》の女性《じょせい》を殺《ころ》すことは実《じつ》にたやすかった。

懲役《ちょうえき》759年《ねん》!

しかし2006年《ねん》、ついにバラサは殺《さつ》害現場《がいげんば》を出《で》たところを目撃《もくげき》され、逮捕《たいほ》された。

連続殺人犯《れんぞくさつじんはん》が女性《じょせい》で、しかも元《もと》ルチャ・リブレのレスラーだという事実《じじつ》は、メキシコ社会《しゃかい》を震撼《しんかん》させた。

バラサは裁判《さいばん》で、16件《けん》の殺人《さつじん》と強盗罪《ごうとうざい》で有罪判決《ゆうざいはんけつ》を受《う》けた。判決《はんけつ》は指紋《しもん》などの証拠《しょうこ》があったものだけだったため、さらに多《おお》くの被害者《ひがいしゃ》がいた可能性《かのうせい》は高《たか》い。

一説《いっせつ》には49人《にん》を殺害《さつがい》したとも言《い》われている。

バラサは759年《ねん》の懲役《ちょうえき》を言《い》い渡《わた》されたが、2068年《ねん》には仮釈放《かりしゃくほう》される。その頃《ころ》バラサは110歳《さい》になるという。

ところでバラサの家《いえ》を捜索《そうさく》したところ、「サンタ・ムエルテ」という女神像《めがみぞう》が見《み》つかった。女神《めがみ》とはいうが、その姿《すがた》はガイコツで、メキシコのカトリック教会《きょうかい》からは「悪魔《あくま》崇拝《すうはい》」だと非難《ひなん》されている。ただ、どんな悪《わる》い願《ねが》いも叶《かな》えるといわれており、信仰者《しんこうしゃ》は増加《ぞうか》し続《つづ》けているのだそうだ。

古代文明・儀式

マヤの恐怖《きょうふ》の人身御供《ひとみごくう》

神《かみ》へのいけにえを決《き》めるのは、球技《きゅうぎ》!?

恐怖度 ★★★★
悲哀度 ★★
歴史影響度 ★★★★

現在《げんざい》のメキシコやグアテマラなど中央《ちゅうおう》アメリカの一部《いちぶ》では、古《ふる》くから「メソアメリカ文明《ぶんめい》」と言《い》われる、高度《こうど》な文明《ぶんめい》を持《も》つ都市《とし》が存在《そんざい》していた。

中《なか》でも有名《ゆうめい》なのが、「マヤ文明《ぶんめい》」だろう。

マヤ文明《ぶんめい》は日本《にっぽん》でいうと古墳時代《こふんじだい》から室町時代《むろまちじだい》、西暦《せいれき》250年《ねん》から1500年《ねん》頃《ごろ》にかけてメキシコの南東部《なんとうぶ》、グアテマラ、ベリーズ地域《ちいき》で栄《さか》えた文明《ぶんめい》だ。

このころすでにマヤの人々《ひとびと》は神殿《しんでん》・階《かい》段式《だんしき》ピラミッドを建築《けんちく》。火星《かせい》や金星《きんせい》の軌《き》道《どう》を計算《けいさん》するほどの進《すす》んだ文明《ぶんめい》を持《も》ち、3つの暦《こよみ》を用《もち》いていた。

また、650から700種類《しゅるい》もの絵文《えも》字《じ》（マヤ文字《もじ》）を使《つか》い、二十進法《にじっしんぼう》、ゼロの概念《がいねん》なども知《し》っていたという。

マヤ文字《もじ》といえば、碑文《ひぶん》に、「人類滅亡《じんるいめつぼう》の予言《よげん》が刻《きざ》まれている」と、世界中《せかいじゅう》で話題《わだい》になったことから、知《し》っている人《ひと》もいるかもしれない。

しかし、9世紀《せいき》ごろから気候変動《きこうへんどう》や内《ない》乱《らん》、さらに異民族《いみんぞく》に何度《なんど》も侵略《しんりゃく》を受《う》け、マヤは衰退《すいたい》していった。

それでも、ピラミッド型神殿《がたしんでん》「チチェン・イッツァ」など、当時《とうじ》の文明《ぶんめい》を伝《つた》える遺跡《いせき》が今《いま》でも多《おお》く残《のこ》されている。

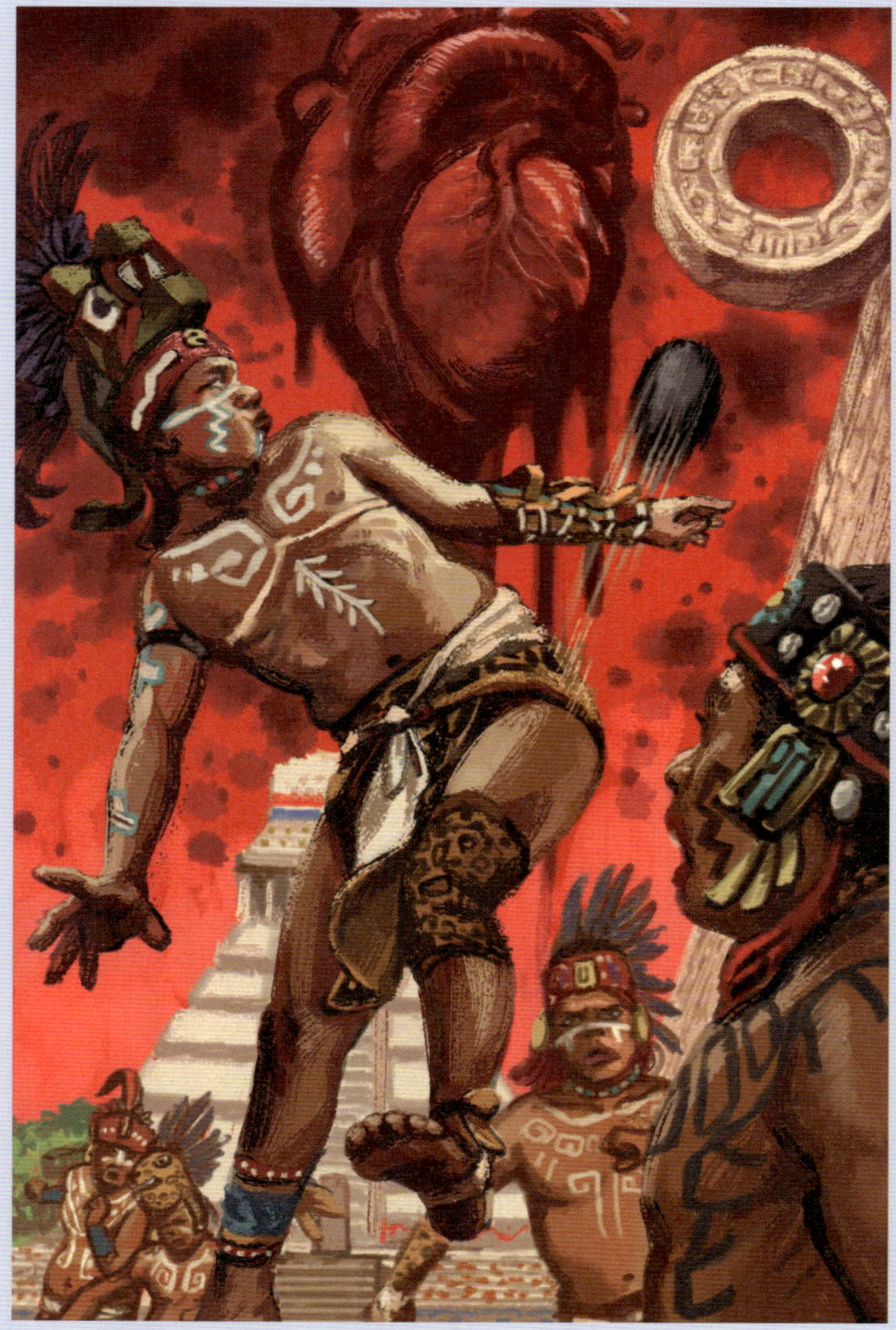

勝《か》っても負《ま》けても「死《し》」

さて、高度《こうど》な知識《ちしき》を誇《ほこ》るマヤ文明《ぶんめい》だが、「人身御供《ひとみごくう》」、つまり神《かみ》さまへのいけにえとして、人間《にんげん》を捧《ささ》げる儀式《ぎしき》が盛《さか》んに行《おこな》われていた。特《とく》に残酷《ざんこく》だとして知《し》られるのが、「死《し》の球技《きゅうぎ》」だ。

マヤの遺跡《いせき》には球技場《きゅうぎじょう》がいくつもあるが、いけにえを決《き》めるための場所《ばしょ》だったといわれている。

方法《ほうほう》は、捕虜《ほりょ》や奴隷《どれい》など、いけにえの候補者《こうほしゃ》たちを2チームに分《わ》け、ボールを使《つか》ったゲームをさせる。

もちろん、このゲームで負《ま》けたチームはいけにえに選《えら》ばれた。

しかし、試合《しあい》によっては「神《かみ》の元《もと》へ行《い》

ける名誉《めいよ》を勝《か》ち取《と》った」として、勝利《しょうり》チームがいけにえになることもあった。

ではこの時《とき》、負《ま》けた方《ほう》のチームはというと、その場《ば》で処刑《しょけい》された。

泉《いずみ》の神《かみ》へ捧《ささ》げることも

また、マヤ文明《ぶんめい》のシンボルともいえる、チチェン・イッツァには「いけにえの泉《いずみ》」と呼《よ》ばれる大《おお》きな泉《いずみ》がある。

チチェン・イッツァ周辺《しゅうへん》には大《おお》きな川《かわ》がないため、こんこんと湧《わ》き出《で》るこの泉《いずみ》を当時《とうじ》の人々《ひとびと》は「命《いのち》の泉《いずみ》」と呼《よ》び、神様《かみさま》が住《す》んでいる場所《ばしょ》として、大切《たいせつ》に扱《あつか》っていた。

そのため干《かん》ばつがあるとマヤの人々《ひとびと》は、しばしばこの泉《いずみ》に神《かみ》への供物《くもつ》として、人《にん》間《げん》を生《い》きたまま投《な》げ込《こ》んだ。

実際《じっさい》、1885年《ねん》に泉《いずみ》の潜水調査《せんすいちょうさ》が行《おこな》われた際《さい》には、多《おお》くの宝物《たからもの》と人骨《じんこつ》が見《み》つかったのだそうだ。そのほとんどは若《わか》い女性《じょせい》や子《こ》どものものだったという。

古代文明・儀式

アステカの聖《せい》なる食人儀式《しょくじんぎしき》

生《い》きたまま心臓《しんぞう》が取《と》り出《だ》され、その後《ご》スープに……

恐怖度 ★★★★★
悲哀度 ★★★★
歴史影響度 ★★★★

「いけにえ」の文化《ぶんか》は、マヤ文明《ぶんめい》に限《かぎ》らず南米《なんべい》の各地《かくち》で見《み》られる。その背景《はいけい》には、「太陽《たいよう》」の存在《そんざい》がある。

太陽消失《たいようしょうしつ》への恐怖《きょうふ》

太陽信仰《たいようしんこう》は世界各地《せかいかくち》で見《み》られるが、人々《ひとびと》にとって一番《いちばん》の恐怖《きょうふ》は、太陽《たいよう》がなくなってしまうことだった。

特《とく》に、15世紀《せいき》にメキシコ中央高原《ちゅうおうこうげん》に成《せい》立《りつ》したアステカ文明《ぶんめい》の人々《ひとびと》は、太陽《たいよう》の消《しょう》失《しつ》を激《はげ》しく恐《おそ》れた。

そのため、太陽神《たいようしん》に喜《よろこ》んでもらいたい一心《いっしん》で人間《にんげん》の、それも最《もっと》も大切《たいせつ》な「血《けつ》液《えき》」と「心臓《しんぞう》」を神《かみ》に捧《ささ》げ続《つづ》けたというわけだ。

人々《ひとびと》は太陽《たいよう》のエネルギーが永遠《えいえん》に続《つづ》くよう祈《いの》り、さらに太陽《たいよう》のパワーにあやかりたいという強《つよ》い思《おも》いゆえに、いけにえの肉《にく》を口《くち》にした。

つまり、「食人《しょくじん》」だ。

アステカ文明《ぶんめい》は、後《のち》にスペイン人《じん》によって滅《ほろ》ぼされてしまうのだが、その要《よう》因《いん》の一《ひと》つが「食人《しょくじん》」だったとされる。

聖《せい》なる血《ち》まみれの儀式《ぎしき》

アステカの「人身御供《ひとみごくう》」はある意味特《いみとく》異《い》だった。

いけにえに選《えら》ばれた人《ひと》は、神《かみ》さまに最《もっと》も近《ちか》いとされるピラミッドの上《うえ》に連《つ》れられ、祭壇《さいだん》の前《まえ》の石《いし》のテーブルの上《うえ》に仰向《あおむ》けで寝《ね》かされる。

すると神官《しんかん》たちがやってきて手足《てあし》を抑《おさ》

えつける。

そして……生《い》きたまま、黒曜石《こくようせき》のナイフを胸《むね》に突《つ》き刺《さ》され、手《て》づかみでまだ動《うご》いている心臓《しんぞう》を取《と》り出《だ》されるのだ。

人間《にんげん》は心臓《しんぞう》を抜《ぬ》き出《だ》されても数秒間《すうびょうかん》は生《い》きていられる。つまりいけにえにされた人間《にんげん》は、自分《じぶん》の心臓《しんぞう》を目《め》にすることになる。

さらに、神官《しんかん》たちはいけにえの生皮《なまがわ》を生《い》きたままはぎ取《と》ることもあった。

こうして心臓《しんぞう》を取《と》り出《だ》されたいけにえの体《からだ》は、ピラミッドから転《ころ》げ落《お》とされた。

その後《あと》、体《からだ》は解体《かいたい》され、トウモロコシと一緒《いっしょ》にゆでてスープとして調理《ちょうり》され、人々《ひとびと》にふるまわれた。

いけにえの中《なか》には、生《い》きたまま火《ひ》の中《なか》に放《ほう》り込《こ》まれる人《ひと》もいたようだが、そのほうがまだラクだったかもしれない。

許《ゆる》されざる行為《こうい》

アステカの人《ひと》たちにとって、いけにえの儀式《ぎしき》は極《きわ》めて神聖《しんせい》なものだったが、彼《かれ》らの文化《ぶんか》に初《はじ》めて接《せっ》したスペイン人《じん》たちは驚愕《きょうがく》した。

アステカの王《おう》に、

「重要《じゅうよう》な儀式《ぎしき》を見《み》せてやろう」

と、見《み》せられたのは、一連《いちれん》のいけにえの儀式《ぎしき》。

ヒクヒク動《うご》く心臓《しんぞう》を目《ま》のあたりにしたスペイン人《じん》たちのショックは大変《たいへん》なものだった。

さらに、その後《あと》にふるまわれたスープを口《くち》にしてしまったスペイン人《じん》たちは青《あお》冷《ざ》めた。

「この肉《にく》は一体《いったい》、何《なん》の肉《にく》だ？」

アステカ人《じん》たちは胸《むね》を張《は》って、「さっきのいけにえの肉《にく》だ」と答《こた》えた。

スペイン人《じん》はアステカの人々《ひとびと》に、いけにえの儀式《ぎしき》とその肉《にく》を食《た》べるという文化《ぶんか》をやめさせるため、必死《ひっし》に説得《せっとく》した。

そんなスペイン人《じん》の多《おお》くは、「いけにえ」として心臓《しんぞう》を取《と》り出《だ》された。

スペインの怒《いか》りをかったアステカは、一気《いっき》に制圧《せいあつ》され、滅《ほろ》ぼされた。

余談《よだん》だが、いけにえの肉《にく》を入《い》れたスープ（ポソレ）は、形《かたち》を変《か》え現在《げんざい》でもメキシコの伝統料理《でんとうりょうり》として愛《あい》されている。

様々《さまざま》な種類《しゅるい》があるが、最《もっと》も「いけにえのスープ」に味《あじ》が近《ちか》いのは豚肉《ぶたにく》が使《つか》われたものなのだそうだ。なぜか。それは、「豚肉《ぶたにく》が最《もっと》も人肉《じんにく》に近《ちか》い味《あじ》だ」と、言《い》われているからだ。

カリブ海《かい》

かつてカリブ海周辺《かいしゅうへん》は、
膨大《ぼうだい》な富《とみ》を生《う》み出《だ》す「打《う》ち出《で》の小槌《こづち》」とも呼《よ》ばれた。
だからこそ、ヨーロッパ諸国《しょこく》の闘争《とうそう》の場《ば》にもなり、
数多《かずおお》くの血《ち》なまぐさい海賊伝説《かいぞくでんせつ》の舞台《ぶたい》にもなった。

凶悪犯罪・事件

カリブ海《かい》を荒《あ》らした、凶悪《きょうあく》な海賊《かいぞく》

フランシス・ロロノア

恐怖度
★★★★★
悲哀度
★
歴史影響度
★★

映画《えいが》や小説《しょうせつ》などで、「カリブの海賊《かいぞく》」というフレーズを見《み》たことがある人《ひと》は多《おお》いだろう。

カリブとは、南北《なんぼく》アメリカ大陸《たいりく》のちょうど間《あいだ》、メキシコ湾《わん》の南《みなみ》、北大西洋《きたたいせいよう》に隣《りん》接《せつ》する海域《かいいき》を指《さ》す。

この場所《ばしょ》に、17世紀頃《せいきごろ》からヨーロッパの船《ふね》をおそう「ならずもの」、海賊《かいぞく》（バッカニア）が出没《しゅつぼつ》し始《はじ》めた。

15世紀半《せいきなか》ばから17世紀半《せいきなか》ば、ヨーロッパの人々《ひとびと》は新天地《しんてんち》を目指《めざ》して航海《こうかい》し、移《い》住《じゅう》をし始《はじ》めた。人気《にんき》が高《たか》かったのは、昔《むかし》ながらの武器《ぶき》しか持《も》たない先住民《せんじゅうみん》が住《す》むアフリカやアメリカ大陸《たいりく》だ。

ヨーロッパ人《じん》は銃《じゅう》などを手《て》に先住民族《せんじゅうみんぞく》を制圧《せいあつ》し、これらの土地《とち》を植民地化《しょくみんちか》した。植民地《しょくみんち》では現地民《げんちみん》だけでなく、多《おお》くのヨーロッパ人《じん》も働《はたら》かされた。しかし、過《か》酷《こく》な生活《せいかつ》に逃《に》げ出《だ》す人《ひと》も多《おお》かった。

逃《に》げ出《だ》した人々《ひとびと》は、貴重《きちょう》な荷物《にもつ》を積《つ》んだ船《ふね》を襲撃《しゅうげき》し始《はじ》めた。これが「海賊《かいぞく》」だ。

最凶最悪《さいきょうさいあく》のバッカニア

海賊《かいぞく》はいずれも船乗《ふなの》りを震《ふる》え上《あ》がらせる存在《そんざい》だったが、特《とく》に恐《おそ》れられたのが「最《もっと》も残酷《ざんこく》なバッカニア」として知《し》られるフランスのフランシス・ロロノアだ。彼《かれ》の、特《とく》にスペイン人《じん》に対《たい》する数々《かずかず》の残虐行為《ざんぎゃくこうい》は、「海賊史上類《かいぞくしじょうるい》を見《み》ない」とまでいわれた。

ロロノアは1635年《ねん》にフランスで生《う》まれ、若《わか》い頃《ころ》にカリブ海《かい》の植民地《しょくみんち》に売《う》られ、奴隷《どれい》のように働《はたら》かされた。その後主人《ごしゅじん》の手《て》から離《はな》れると、現在《げんざい》のハイチで、海賊《かいぞく》になる。

彼《かれ》は、主《おも》にスペインの船《ふね》を狙《ねら》った。一説《いっせつ》によると、ロロノアが海賊《かいぞく》を始《はじ》めたころ、スペイン兵《へい》から攻撃《こうげき》を受《う》けた。仲間《なかま》たちが次々《つぎつぎ》に殺《ころ》される中《なか》、ロロノアはその血《ち》を身体《からだ》に塗《ぬ》りつけ、折《お》り重《かさ》なる死体《したい》の中《なか》に隠《かく》れ、一命《いちめい》をとりとめた。

それからというもの、ロロノアはスペイン船《せん》を見《み》ると、乗組員《のりくみいん》たちを残虐《ざんぎゃく》に殺《ころ》し、宝物《たからもの》を奪《うば》った。

凄《すさ》まじい拷問《ごうもん》

時《とき》にはスペインの植民地《しょくみんち》を襲《おそ》うこともあった。そして、住民《じゅうみん》をつかまえ、宝物《たからもの》のありかを白状《はくじょう》するまで拷問《ごうもん》した。舌《した》を引《ひ》き抜《ぬ》く、体《からだ》の一部《いちぶ》を剣《けん》で切《き》り落《お》とす、生《い》きたまま燃《も》やすといったことは序《じょ》の口《くち》だ。時《とき》には海賊船《かいぞくせん》の帆柱《ほばしら》につかう太《ふと》いロープを捕虜《ほりょ》の頭《あたま》に巻《ま》き付《つ》け、ギリギリと引《ひ》っ張《ば》ることもあった。

ロープがきつくしまるにつれ、眼球《がんきゅう》が押《お》し出《だ》され始《はじ》める。拷問《ごうもん》を見《み》せられる側《がわ》の恐怖《きょうふ》も大変《たいへん》なもので、口《くち》を割《わ》らない人《ひと》はいなかったという。

壮絶《そうぜつ》な最期《さいご》

そんなロロノアも1667年《ねん》、ホンジュラスの海岸《かいがん》でスペイン兵《へい》に包囲《ほうい》されてしまう。それでも二人《ふたり》のスペイン兵《へい》を捕《つか》まえ、逃《に》げた。そして一人《ひとり》の胸《むね》をナイフで切《き》り裂《さ》き、心臓《しんぞう》をわしづかみにして食《く》らいつき、残《のこ》るもう一人《ひとり》に対《たい》し、

「どこに逃《に》げるのが正解《せいかい》だ？　ウソをついたら、お前《まえ》もこうする」

と脅《おど》した。こうして逃《に》げ切《き》ることができたのだが……。

逃亡先《とうぼうさき》のニカラグア沿岸《えんがん》で食《た》べものを探《さが》しているところを、先住民《せんじゅうみん》に捕《つか》まった。命乞《いのちご》いをする間《ま》もなく、生《い》きたままバラバラに引《ひ》き裂《さ》かれ、火《ひ》の中《なか》に投《な》げ込《こ》まれた。焼《や》け残《のこ》った骨《ほね》は粉々《こなごな》に砕《くだ》かれ、空中《くうちゅう》に撒《ま》き散《ち》らされた。彼《かれ》らもまた、ロロノアに苦《くる》しめ続《つづ》けられていたのだ。

こうしてロロノアは痕跡《こんせき》も残《のこ》らず、この世《よ》から消《き》えた。

凶悪犯罪・事件

世界一有名《せかいいちゆうめい》な海《うみ》のならずもの

エドワード・ティーチ

恐怖度 ★★★★
悲哀度 ★
歴史影響度 ★★

「黒《くろ》ひげ危機一発《ききいっぱつ》」というおもちゃを見《み》たことがあるだろうか。

頭《あたま》だけを出《だ》した海賊人形《かいぞくにんぎょう》が入《はい》った樽《たる》に順番《じゅんばん》に短剣《たんけん》を刺《さ》し、誰《だれ》が樽《たる》から海賊人形《かいぞくにんぎょう》を飛《と》び出《だ》させるかを競《きそ》うおもちゃだ。

このおもちゃのモチーフになった海賊《かいぞく》がいる。エドワード・ティーチ。

彼《かれ》は、だらしなく生《は》やした長《なが》く黒《くろ》いひげをいくつも編《あ》み込《こ》み、リボンで留《と》めた風貌《ふうぼう》から「黒《くろ》ひげ」というニックネームを持《も》っていた。

彼《かれ》は世界《せかい》で最《もっと》も有名《ゆうめい》な海賊《かいぞく》である一方《いっぽう》で、残酷《ざんこく》さでも知《し》られている。

そのため当時《とうじ》、カリブ海《かい》の船乗《ふなの》りたちはティーチの姿《すがた》を見《み》ただけで船《ふね》から逃《に》げ出《だ》したという。

部下《ぶか》でも容赦《ようしゃ》ナシ

彼《かれ》が拠点《きょてん》にしたのは現在《げんざい》のバハマの首都《しゅと》、ナッソーだ。ティーチはそこから北《きた》アメリカのノース・カロライナにわたっ

て海賊行為《かいぞくこうい》を繰《く》り返《かえ》した。

ティーチは自分《じぶん》が生《う》まれ育《そだ》ったイギリスにちなんで、フランスから奪《うば》い取《と》った船《ふね》を「アン女王《じょおう》（イギリスの女王《じょおう》）の復讐号《ふくしゅうごう》」と名付《なづ》けた。そして血《ち》が滴《したた》る心臓《しんぞう》と、砂時計《すなどけい》と槍《やり》を持《も》った骸骨《がいこつ》を描《えが》いた旗《はた》を掲《かか》げ、周囲《しゅうい》を威嚇《いかく》した。

また周囲《しゅうい》を怖《こわ》がらせるため、帽子《ぼうし》の下《した》に火縄《ひなわ》を結《むす》び付《つ》け、煙《けむり》をモクモクと出《だ》すという演出《えんしゅつ》もした。肩《かた》から三対《さんつい》のピストルを備《そな》えたつり革《かわ》をさげていたともいわれている。

ティーチは特《とく》にスペインの商船《しょうせん》を見《み》つけると乗《の》り込《こ》み、惨殺《ざんさつ》し、乗組員《のりくみいん》と乗客《じょうきゃく》を拷問《ごうもん》し、高価《こうか》な荷物《にもつ》を盗《ぬす》んだ。

また、部下《ぶか》にも心《こころ》を許《ゆる》さなかった。「地獄《じごく》ごっこ」と称《しょう》して、船《ふね》の一室《いっしつ》を閉《し》め切《き》って硫黄《いおう》をたき、有毒《ゆうどく》ガスにどこまで耐《た》えられるかを勝負《しょうぶ》したり、一緒《いっしょ》に酒《さけ》を飲《の》んでいた部下《ぶか》のひざを突然銃《とつぜんじゅう》で撃《う》ちぬくこともあった。そんな時《とき》は、

「たまにこういうことでもしなきゃ、お前《まえ》らは俺様《おれさま》が誰《だれ》だか忘《わす》れちまうからな」
と、笑《わら》いながら言《い》ったという。

恐《おそ》ろしい伝説《でんせつ》

そんな彼《かれ》も、北《きた》アメリカのノース・カロライナ沖《おき》で停泊中《ていはくちゅう》に、イギリス海軍《かいぐん》に襲《おそ》われてしまう。お酒《さけ》を飲《の》んで酔《よ》いつぶれていたこともあり、ひとたまりもなかった。この時《とき》ティーチは、20の刺《さ》し傷《きず》と5つの銃弾《じゅうだん》を受《う》け、首《くび》を落《お》とされ、体《からだ》を船外《せんがい》に放《ほう》り出《だ》されたという。

胴体《どうたい》だけの体《からだ》は、自分《じぶん》の船《ふね》の周《まわ》りを2周回《しゅうまわ》ってからやっと沈《しず》んだと言《い》い伝《つた》えられている。残《のこ》った船員《せんいん》たちも捕《とら》えられ、一人残《ひとりのこ》らず死刑《しけい》になったそうだ。

ペルー

古代《こだい》インカの都市《とし》マチュピチュなど、
アンデス山脈《さんみゃく》の高地《こうち》の文明《ぶんめい》が有名《ゆうめい》なペルーには、
国《くに》の各地《かくち》に古代遺跡《こだいいせき》が点在《てんざい》する。ただ……。
彼《かれ》らの神《かみ》にも「いけにえ」が不可欠《ふかけつ》だったようだ。

古代文明・儀式

一度《いちど》に100人以上《にんいじょう》の子《こ》どもをいけにえに

チムー王国《おうこく》と神《かみ》の怒《いか》り

恐怖度 ★★★★
悲哀度 ★★★★
歴史影響度 ★★★★

古代《こだい》、メキシコにマヤ文明《ぶんめい》やアステカ文明《ぶんめい》が存在《そんざい》するように、ペルーからボリビアにかけても、別《べつ》の古代文明《こだいぶんめい》が繁栄《はんえい》していた。

インカ帝国《ていこく》で有名《ゆうめい》な、アンデス文明《ぶんめい》だ。インカ帝国《ていこく》は広大《こうだい》で、最盛期《さいせいき》には現在《げんざい》のチリ北部《ほくぶ》から中部《ちゅうぶ》、アルゼンチン北西《ほくせい》部《ぶ》、エクアドルにまで広《ひろ》がり、80の民族《みんぞく》と1600万人《まんにん》もの人口《じんこう》からなる巨大帝《きょだいてい》国《こく》だったようだ。

ちなみに、「空中都市《くうちゅうとし》」という別名《べつめい》を持《も》つ世界遺産《せかいいさん》「マチュ・ピチュ」もインカ帝国《ていこく》の一部《いちぶ》だ。

一方《いっぽう》で繁栄《はんえい》した期間《きかん》は100年《ねん》ほどと短《みじか》く、1533年《ねん》にスペイン人《じん》たちが上《じょう》陸《りく》すると、滅《ほろ》ぼされてしまった。

さて、このインカ帝国《ていこく》の成立以前《せいりついぜん》にもたくさんの王国《おうこく》が存在《そんざい》している。これらはまとめて「プレ・インカ」と呼《よ》ばれ、紀元前《きげんぜん》1000年頃《ねんごろ》にはすでに点在《てんざい》していたという。

100人《にん》以上《いじょう》の子《こ》どもが一度《いちど》に

プレ・インカのひとつに、「チムー王《おう》国《こく》」がある。

チムー王国《おうこく》が栄《さか》えていたのは13〜15世《せい》紀頃《きごろ》。インカ帝国《ていこく》に滅《ほろ》ぼされた比較的新《ひかくてきあたら》しい国家《こっか》だ。

この王国《おうこく》は農業《のうぎょう》を中心《ちゅうしん》に栄《さか》え、高度《こうど》な建築技術《けんちくぎじゅつ》を持《も》ち、最盛期《さいせいき》には数千人《すうせんにん》の人々《ひとびと》が暮《く》らしていた。

ただ……おそらく世界一《せかいいち》、一度《いちど》に多《おお》くの子《こ》どもをいけにえにしていた。

2018年《ねん》4月《がつ》、チムー王国《おうこく》のパンパ・ラ・クルス遺跡《いせき》から子《こ》ども140人《にん》とリャマ200頭《とう》の遺体《いたい》が発見《はっけん》された。

子《こ》どもたちの年齢《ねんれい》は5歳《さい》から14歳《さい》。その多《おお》くは8歳《さい》から12歳《さい》だった。

子《こ》どもたちの遺体《いたい》には肋骨《ろっこつ》が切断《せつだん》された跡《あと》があったことから、心臓《しんぞう》が取《と》り除《のぞ》かれていたと考《かんが》えられている。

一方《いっぽう》で、どの子《こ》どもにもフェイスペイントや飾《かざ》りが施《ほどこ》されており大切《たいせつ》に葬《ほうむ》られたことがうかがえたそうだ。

同年《どうねん》6月《がつ》にも58人分《にんぶん》の子《こ》どもの人骨《じんこつ》が見《み》つかっており、2022年《ねん》10月《がつ》の段階《だんかい》で、300体以上《たいいじょう》が発見《はっけん》されている。

古代人《こだいじん》をも苦《くる》しめたエルニーニョ

なぜ、これほどまでに大人数《おおにんずう》のいけにえが神《かみ》に捧《ささ》げられたのか。

理由《りゆう》は、エルニーニョ現象《げんしょう》にあるのではないかと言《い》われている。

エルニーニョ現象《げんしょう》とは、南米太平洋岸《なんべいたいへいようがん》のエクアドルからペルーの沖合《おきあい》にかけて、海水《かいすい》の温度《おんど》が平年《へいねん》より高《たか》くなる現象《げんしょう》だ。

こうなると、海《うみ》の流《なが》れが変《か》わり不漁《ふりょう》になることが多《おお》く、長雨《ながあめ》や豪雨《ごうう》、日照《ひで》りをもたらす。

現在《げんざい》でも、異常気象《いじょうきしょう》を起《お》こすエルニーニョは世界的《せかいてき》に問題《もんだい》になっているが、古代《こだい》においては、なおさら恐《おそ》ろしいものだったのだろう。

「神《かみ》の怒《いか》り（エルニーニョ）を鎮《しず》めよう」

と、必死《ひっし》の思《おも》いだったに違《ちが》いない。いけにえが子《こ》どもだったのは、「古代《こだい》、子《こ》どもは『神《かみ》と人《ひと》が混《ま》ざった状態《じょうたい》』であると考《かんが》えられていたため、神聖《しんせい》なものとして捧《ささ》げられたのではないか」と研究《けんきゅう》チームは言《い》う。子《こ》どもたちは皆《みな》、海《うみ》のある西《にし》の方角《ほうがく》を向《む》いて、埋葬《まいそう》されていたという。

実《じつ》は人間《にんげん》をいけにえとして捧《ささ》げる風習《ふうしゅう》は、アジアやヨーロッパ、アフリカ、とにかく世界各地《せかいかくち》にある。

ただ、これほどの規模《きぼ》のものはなく、エルニーニョはそれほど恐《おそ》ろしい自然現象《しぜんげんしょう》だったということかもしれない。

古代文明・儀式

首《くび》を切《き》り、遺体《いたい》に血《ち》を塗《ぬ》った シカン文化《ぶんか》の死生観《しせいかん》

恐怖度 ★★★
悲哀度 ★★★
歴史影響度 ★★★★

シカン文化《ぶんか》は、9世紀《せいき》から14世紀《せいき》にかけて、ペルー北部《ほくぶ》の海岸部《かいがんぶ》に存在《そんざい》した文化《ぶんか》だ。

大《おお》きく前期《ぜんき》、中期《ちゅうき》、後期《こうき》と3つの区分《くぶん》に分《わ》けられるほど、長《なが》い期間《きかん》栄《さか》えたが、1375年《ねん》、チムー王国《おうこく》に滅《ほろ》ぼされた。

そんなチムー王国《おうこく》はインカ帝国《ていこく》に征服《せいふく》されたことから、「シカン文化《ぶんか》はインカ帝国《ていこく》のルーツ」ともいわれている。

ちなみに「シカン」とは「月《つき》の神殿《しんでん》」という意味《いみ》がある。名付《なづ》け親《おや》は、南《みなみ》イリノイ大学人類学科《だいがくじんるいがっか》の、島田泉教授《しまだいずみきょうじゅ》だ。

ペルー北部《ほくぶ》では、古来《こらい》から太陽《たいよう》よりも月《つき》のほうが深《ふか》く信仰《しんこう》されていた。

潮《しお》の満《み》ち引《ひ》きなど月《つき》の作用《さよう》を身近《みぢか》に感《かん》じられる、海辺《うみべ》の地域《ちいき》ということもあるのかもしれない。

頭《あたま》のないいけにえ

さて、チムー王国《おうこく》と同様《どうよう》に、シカン遺跡《いせき》からも「集団《しゅうだん》いけにえ」らしき人骨《じんこつ》がいくつも発見《はっけん》されている。

ただ人骨《じんこつ》はどれも大人《おとな》のもので、「死《し》と再生《さいせい》」を祈《いの》って、自発的《じはつてき》に参加《さんか》した人々《ひとびと》だとみなされている。

興味深《きょうみぶか》いのは一部《いちぶ》の人骨《じんこつ》に「頭部《とうぶ》がない」、という点《てん》だ。

血塗《ちぬ》られた遺体《いたい》

このシカンの遺跡《いせき》からは、おびただしい金製品《きんせいひん》に囲《かこ》まれた、男性《だんせい》の遺体《いたい》も発掘《はっくつ》されている。

11世紀頃《せいきごろ》の支配者《しはいしゃ》のものとみられるお墓《はか》で、この遺体《いたい》からも頭部《とうぶ》が切《き》り離《はな》され、胴体《どうたい》と分《わ》けられて安置《あんち》されていた。

そして……、頭《あたま》の部分《ぶぶん》には黄金《おうごん》の仮面《かめん》がかぶせられていたそうだ。

また、この仮面《かめん》と胴体《どうたい》には、鮮《あざ》やかな赤色《あかいろ》の彩色《さいしき》が施《ほどこ》されていたという。

後《のち》にこの赤《あか》は、水銀《すいぎん》と硫黄《いおう》から作《つく》られた「朱《しゅ》」に、人間《にんげん》の血《ち》を混《ま》ぜたものだということが判明《はんめい》した。

考古学者《こうこがくしゃ》たちは、

「生命《せいめい》の色《いろ》『赤《あか》』を遺体《いたい》に塗《ぬ》ることで、亡《な》くなった指導者《しどうしゃ》の再生《さいせい》を願《ねが》ったのではないか」

と言《い》う。そして、

「人間《にんげん》の首《くび》と上半身《じょうはんしん》を切《き》り離《はな》したのも、大量《たいりょう》の血液《けつえき》を得《え》るためではないか」

と。現代《げんだい》を生《い》きる我々《われわれ》にとってはギョッとする話《はなし》ではあるが、古代《こだい》の人々《ひとびと》にとっては、「生《せい》と死《し》」はさほど遠《とお》い場所《ばしょ》になかったのかもしれない。

ブラジル

現在《げんざい》、豊《ゆた》かな資源《しげん》や若《わか》い人材《じんざい》を武器《ぶき》に、
経済的新興国《けいざいてきしんこうこく》として世界《せかい》から注目《ちゅうもく》されるブラジル。
そんな急速《きゅうそく》な発展《はってん》は時《とき》に、
人々《ひとびと》に恐《おそ》ろしい弊害《へいがい》となっておそいかかる。

凶悪犯罪・事件

放射性物質《ほうしゃせいぶっしつ》を触《さわ》り、被爆《ひばく》した

ゴイアニア被曝事故《ひばくじこ》

恐怖度
★★★★★
悲哀度
★★★★★
歴史影響度
★★★★★

2011年《ねん》3月《がつ》11日《にち》の東日本大震災《ひがしにほんだいしんさい》で起《お》きた、「東京電力福島第一原発事故《とうきょうでんりょくふくしまだいいちげんぱつじこ》」によって、放射能《ほうしゃのう》の恐《おそ》ろしさを知《し》った人《ひと》は多《おお》いだろう。

しかし、放射性物質《ほうしゃせいぶっしつ》の恐《おそ》ろしさが知《し》られるようになったのは、実《じつ》はごく近年《きんねん》だ。

たとえば……。1987年《ねん》にブラジルのゴヤス州《しゅう》の州都《しゅうと》ゴイアニアで「無知《むち》」のためにこんな被曝事故《ひばくじこ》が起《お》きている。

廃病院《はいびょういん》の「お宝《たから》」

この年《とし》の9月《がつ》、とある廃病院《はいびょういん》に、ロベルトとヴァグナーという二人《ふたり》の青年《せいねん》がしのびこんだ。

「病院内《びょういんない》に高価《こうか》な装置《そうち》が残《のこ》されている」というウワサを聞《き》きつけたからだ。

二人《ふたり》はそれが何《なに》か全《まった》く知《し》らなかったが、すぐに「お宝《たから》」に気付《きづ》いた。

それはセシウム137という放射性物《ほうしゃせいぶっ》質《しつ》が入《はい》った、放射線治療装置《ほうしゃせんちりょうそうち》だった。

放射性物質《ほうしゃせいぶっしつ》とはいえ、装置《そうち》に入《はい》った状《じょう》態《たい》で、適切《てきせつ》に扱《あつか》えば危険《きけん》ではない。

しかし二人《ふたり》は、装置《そうち》を持《も》ち帰《かえ》ると、知《ち》識《しき》もないまま分解《ぶんかい》し始《はじ》めたのだ。

作業《さぎょう》を始《はじ》めてすぐ、ヴァグナーは気分《きぶん》が悪《わる》くなり、病院《びょういん》へ向《む》かった。

病院《びょういん》もまさかヴァグナーが放射性物質《ほうしゃせいぶっしつ》を触《さわ》ったとは夢《ゆめ》にも思《おも》わない。それでも、体調不良《たいちょうふりょう》を訴《うった》えるヴァグナーに、

「風土病《ふうどびょう》のおそれがあります」

と、入院《にゅういん》をすすめた。

さて、残《のこ》されたロベルトは装置《そうち》をさら

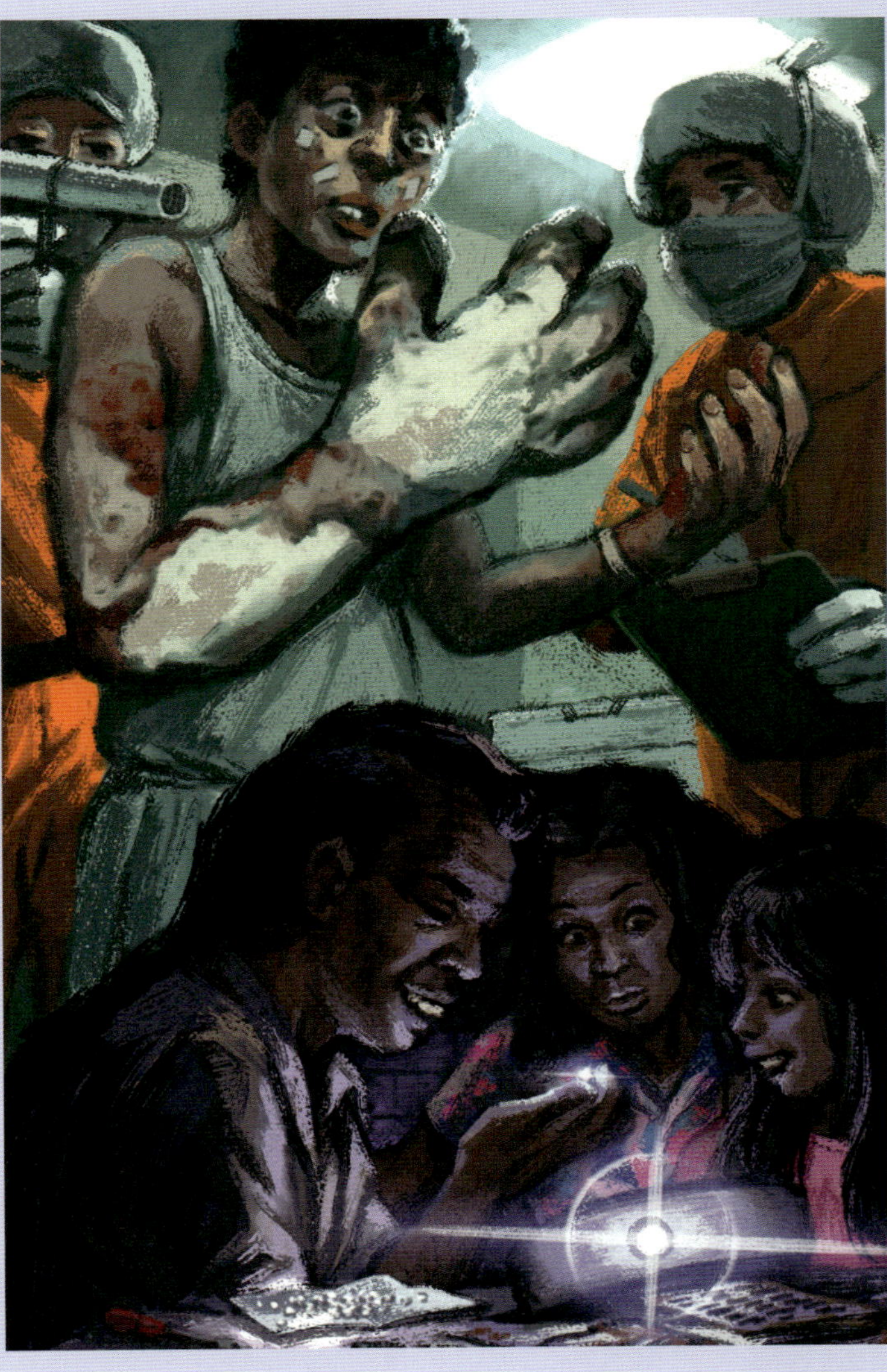

に分解《ぶんかい》し続《つづ》けた。そしてついにセシウム137だけを取《と》り出《だ》すことに成功《せいこう》し、廃《はい》品回収業者《ひんかいしゅうぎょうしゃ》のデヴァーに売《う》り飛《と》ばした。

美《うつく》しく光《ひか》る粉《こな》

その夜《よる》、セシウム137を倉庫《そうこ》へ運《はこ》んだデヴァーは、物質《ぶっしつ》がキラキラと美《うつく》しく、怪《あや》しく光《ひか》っていることに気付《きづ》いた。

「これ、見《み》ろよ」

デヴァーはセシウム137を手《て》に、リビングでくつろぐ家族《かぞく》のもとへ走《はし》った。

「まあ、キレイ。なんていう物質《ぶっしつ》？」

「すごく価値《かち》があるんじゃない!?」

奥《おく》さんのマリアはあまりの美《うつく》しさにうれしそうに叫《さけ》んだ。

得意《とくい》になったデヴァーは兄弟《きょうだい》や親戚《しんせき》、友人《ゆうじん》を呼《よ》び、このセシウム137を見《み》せびらかした。そして「お土産《みやげ》」として、気前《きまえ》よく分《わ》けた。

触《ふ》れた人々《ひとびと》に異変《いへん》が……

「弟《おとうと》がめずらしいものをくれたよ」

デヴァーの兄《あに》のイヴォは、家《いえ》に戻《もど》ると、

「これ、見《み》てみろよ！」

と、家族《かぞく》が集《つど》う食卓《しょくたく》でセシウム137を取《と》り出《だ》した。

「きれい。触《さわ》らせて！」

「見《み》てみて、暗《くら》いところで光《ひか》るわ！」

イヴォの娘《むすめ》のレイデはセシウム137を触《さわ》り、ひととおり遊《あそ》び、手《て》も洗《あら》わずサンドウィッチを食《た》べた。

しかしその直後《ちょくご》、レイデはうとうとし始《はじ》めたかと思《おも》うと、サンドウィッチを吐《は》きもどした。その後一晩中《ごひとばんじゅう》、吐《は》き続《つづ》けた。

この時《とき》レイデはセシウム137を体内《たいない》に入《い》れてしまっていたのだ。

レイデは後《のち》に死亡《しぼう》している。

ほどなくして、この物質《ぶっしつ》に近《ちか》づいた人《ひと》が次々《つぎつぎ》に体調《たいちょう》に異常《いじょう》をきたし、病院《びょういん》へ駆《か》け込《こ》んだ。ある人《ひと》は指先《ゆびさき》がただれ、ある人《ひと》は吐《は》き気《け》や脱毛《だつもう》に悩《なや》まされた。

「もしかして、あの青《あお》く光《ひか》る粉《こな》は……」

デヴァーの妻《つま》マリアは、

「この物質《ぶっしつ》を調査《ちょうさ》して欲《ほ》しい」

と、セシウム137を市《し》の公衆健康局《こうしゅうけんこうきょく》へ持《も》ちこんだ。

というのも自分《じぶん》の体調《たいちょう》の異変《いへん》が、前年《ぜんねん》の1986年《ねん》、旧《きゅう》ソ連《れん》のウクライナ共和《きょうわ》国《こく》で起《お》きたチェルノブイリ原発事故《げんばつじこ》の被《ひ》爆者《ばくしゃ》の症状《しょうじょう》と酷似《こくじ》していたからだ。

その頃《ころ》、風土病病院《ふうどびょうびょういん》の医師《いし》たちも、

「この症状《しょうじょう》は、放射線《ほうしゃせん》の被曝《ひばく》に近《ちか》い」

と、薄々感《うすうすかん》じていた。

物質《ぶっしつ》の正体《しょうたい》

そこで呼《よ》ばれた物理学者《ぶつりがくしゃ》のフェレイラ博士《はかせ》は、この地《ち》を訪《おとず》れて驚愕《きょうがく》した。一台《いちだい》の放射線測定器《ほうしゃせんそくていき》はメーターを振《ふ》り切《き》り、もう一台《いちだい》はとてつもない数値《すうち》を叩《たた》き出《だ》したからだ。

汚染《おせん》が正式《せいしき》に報告《ほうこく》された時《とき》には、廃病《はいびょう》院《いん》から放射性物質《ほうしゃせいぶっしつ》が盗《ぬす》み出《だ》されてから、実《じつ》に16日《にち》も経過《けいか》していた。

恐《おそ》るべき放射能汚染《ほうしゃのうおせん》

被爆検査《ひばくけんさ》はゴイアニア市民《しみん》11万《まん》2千人《せんにん》にも及《およ》んだ。結果《けっか》、249人《にん》が被爆《ひばく》、レイデを含《ふく》む4名《めい》が死亡《しぼう》した。

ちなみに最初《さいしょ》にセシウム137を持《も》ち込《こ》んだロベルトは右手《みぎて》を切断《せつだん》。ヴァグナーも右手《みぎて》の指《ゆび》を数本《すうほん》、切断《せつだん》している。

さらに建物《たてもの》や自動車《じどうしゃ》、動植物《どうしょくぶつ》などの汚《お》染調査《せんちょうさ》も行《おこな》われた。汚染《おせん》された車《くるま》や家屋《かおく》7軒《けん》は取《と》り壊《こわ》され、その残骸《ざんがい》と汚染《おせん》された表土《ひょうど》は保管所《ほかんじょ》に運《はこ》ばれた。

さらに、ゴイアニア周辺《しゅうへん》に住《す》んでいた人《ひと》は、非汚染証明書《ひおせんしょうめいしょ》を常《つね》に持《も》ち歩《ある》くことが決《き》められた。証明書《しょうめいしょ》を持《も》っていないと、タクシーへの乗車《じょうしゃ》もホテルに泊《と》まることも許可《きょか》されなかった。

そんなゴイアニア市《し》だが、現在《げんざい》はすっかり活気《かっき》を取《と》り戻《もど》し、観光地《かんこうち》となっている。ただ、実際《じっさい》の被害範囲《ひがいはんい》が判明《はんめい》するのはまだ先《さき》だといわれている。

シリアルキラー

身勝手《みがって》な正義感《せいぎかん》で、犯罪者《はんざいしゃ》を次々《つぎつぎ》に殺《ころ》した

ペドロ・ロドリゲス・フィリョ

恐怖度 ★★★★
悲哀度 ★★
歴史影響度 ★★

2023年《ねん》、ブラジル最大《さいだい》の連続殺人《れんぞくさつじん》犯《はん》、ペドロ・ロドリゲス・フィリョが射《しゃ》殺《さつ》された。

ペドロは「ペドリーニョ・マタドール(殺《ころ》し屋《や》ペドリーニョ)」という異名《いみょう》を持《も》つ人物《じんぶつ》で、100人以上《にんいじょう》を殺害《さつがい》したと

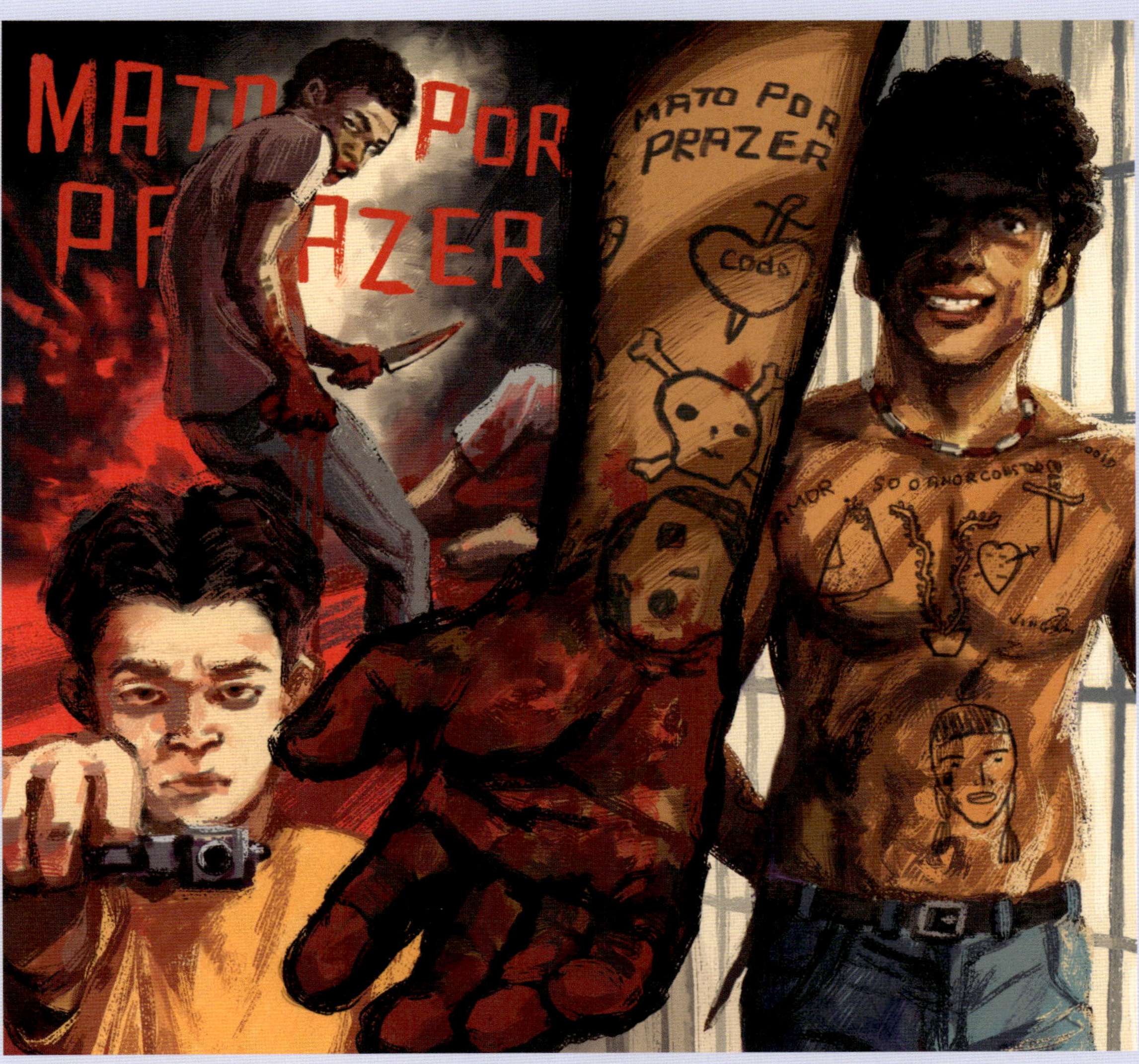

ウワサされるシリアルキラーだ。

どの国《くに》にも、罪悪感《ざいあくかん》を持《も》つことなく人間《にんげん》を虫《むし》のように殺《ころ》す、「シリアルキラー」が存在《そんざい》する。

彼《かれ》もまた、「犯罪者《はんざいしゃ》を独自《どくじ》の正義感《せいぎかん》で裁《さば》く」タイプのシリアルキラーだった。

父《ちち》の名誉《めいよ》を守《まも》ろうと……

ロドリゲスが生《う》まれたのは1954年《ねん》。最初《さいしょ》の殺人《さつじん》は14歳《さい》の時《とき》。父親《ちちおや》が泥棒《どろぼう》の容《よう》疑《ぎ》で警備員《けいびいん》の仕事《しごと》をクビになったことがきっかけだった。

「オレは泥棒《どろぼう》なんかしていない」

父《ちち》の訴《うった》えを信《しん》じたロドリゲスは、祖父《そふ》の散弾銃《さんだんじゅう》で、父親《ちちおや》にクビを言《い》い渡《わた》した副《ふく》市長《しちょう》を撃《う》ち殺《ころ》した。さらに真犯人《しんはんにん》であろう人物《じんぶつ》を探《さが》し出《だ》し、殺《ころ》した。

その後《ご》、ロドリゲスはサンパウロのスラム街《がい》に身《み》をひそめ、強盗《ごうとう》をしながら、麻薬《まやく》の売人《ばいにん》など気《き》に入《い》らない人間《にんげん》を殺《ころ》し続《つづ》けた。

十代《じゅうだい》で刑務所《けいむしょ》に

そんな時《とき》、ロドリゲスはマリアという女性《じょせい》と出会《であ》う。マリアはほどなくして妊娠《にんしん》し、二人《ふたり》は一緒《いっしょ》に暮《く》らし始《はじ》めた。だが、幸《しあわ》せな時間《じかん》もつかの間《ま》だった。ギャングの抗争《こうそう》に巻《ま》き込《こ》まれ、マリアは殺《ころ》されてしまったのだ。

ロドリゲスは新《あら》たにギャング団《だん》を作《つく》り、ギャングのリーダーら7人《にん》を殺害《さつがい》し、16人《にん》を負傷《ふしょう》させた。

続《つづ》いて自分《じぶん》の母親《ははおや》を殺《ころ》した罪《つみ》で刑務《けいむ》所《しょ》に投獄《とうごく》されていた父親《ちちおや》を殺害《さつがい》。さらに多《おお》くの犯罪者《はんざいしゃ》を殺《ころ》し続《つづ》け、1973年《ねん》、ついに逮捕《たいほ》された。19歳《さい》だった。

刑務所内《けいむしょない》でも殺人《さつじん》

逮捕《たいほ》されてからも、すぐにロドリゲスは殺人《さつじん》を犯《おか》している。

被害者《ひがいしゃ》は、一緒《いっしょ》に刑務所《けいむしょ》に搬送《はんそう》された囚人《しゅうじん》だ。警察《けいさつ》が車《くるま》の後部座席《こうぶざせき》を開《あ》けるとすでに殺《ころ》されていたという。

投獄《とうごく》されてからもロドリゲスは、自《じ》分《ぶん》に襲《おそ》いかかってきた受刑者《じゅけいしゃ》を殺《ころ》した。「いびきがうるさい」「顔《かお》が好《す》きではない」という理由《りゆう》で殺害《さつがい》することもあった。

もっともこの刑務所《けいむしょ》は、飛《と》び抜《ぬ》けた荒《あら》くれ者《もの》たちが集《あつ》められていた。囚人同士《しゅうじんどうし》が命《いのち》を狙《ねら》いあい、殺《ころ》しあうことも珍《めずら》しくなかったという。

この刑務所内《けいむしょない》でロドリゲスは、47人《にん》もの命《いのち》を奪《うば》ったという。

と、ここまで人《ひと》を殺《ころ》したら、日本《にっぽん》ならすぐにでも死刑《しけい》が宣告《せんこく》されそうだ。

しかし、ブラジルには死刑制度《しけいせいど》がない。また、人格的《じんかくてき》に問題《もんだい》があっても、最高《さいこう》でも懲役《ちょうえき》（刑務所《けいむしょ》に入《はい》る刑《けい》）30年《ねん》にとどめるという法律《ほうりつ》ができたため、結局《けっきょく》2018年《ねん》に、ロドリゲスは釈放《しゃくほう》された。

あっけない最期《さいご》

その後《あと》、彼《かれ》はなんとユーチューブチャンネルを設立《せつりつ》。若者《わかもの》を犯罪《はんざい》から遠《とお》ざけたいと配信《はいしん》を始《はじ》めたのだが……。

2023年《ねん》3月《がつ》5日《か》、何者《なにもの》かに車《くるま》から射殺《しゃさつ》され絶命《ぜつめい》した。ロドリゲスを殺《ころ》した犯人《はんにん》はまだ、逮捕《たいほ》されていない。

自然環境

ケイマーダ・グランデ島《とう》

1平方《へいほう》メートルに1匹《ぴき》!! 猛毒《もうどく》ヘビの島《しま》

恐怖度 ★★★★
悲哀度 ★
歴史影響度 ★★★★★

ブラジル南東部《なんとうぶ》の沖合《おきあい》に、ケイマーダ・グランデ島《とう》という名前《なまえ》の無人島《むじんとう》が浮《う》かんでいる。

この島《しま》は「世界《せかい》でも有数《ゆうすう》の危険《きけん》な場《ば》所《しょ》」として、知《し》る人《ひと》ぞ知《し》る場所《ばしょ》なのだという。

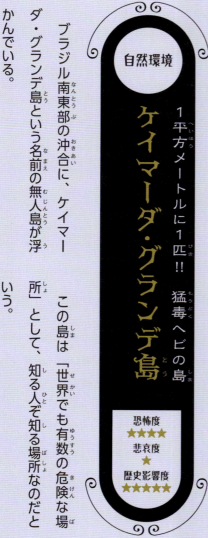

といっても、恐《おそ》ろしい歴史《れきし》があったり、凶悪犯《きょうあくはん》が潜《ひそ》んでいるわけではない。「ゴールデン・ランスヘッド」という、体長《たいちょう》70センチ~1メートルほどの猛毒《もうどく》を持《も》つ恐《おそ》ろしい毒蛇《どくへび》が住《す》んでいるのだ。

ごくごく小《ちい》さな島《しま》にも関《かか》わらず、その数《かず》、数千匹《すうせんひき》。これは、1平方《へいほう》メートルあたり1匹《ぴき》の割合《わりあい》だという話《はなし》もある。

さて、島《しま》は別名《べつめい》「スネークアイランド」と呼《よ》ばれ、ブラジル海軍《かいぐん》が許可《きょか》した人以外《ひといがい》は、上陸《じょうりく》が禁止《きんし》されている。

というのもこのヘビが、自然界《しぜんかい》では世《せ》界中《かいじゅう》でこの島《しま》にしか生息《せいそく》していない大変《たいへん》貴重《きちょう》なヘビだからだ。

地理的《ちりてき》に特異《とくい》な島《しま》

では、いつから毒蛇《どくへび》が生息《せいそく》するようになったのか。それはなんと1万《まん》1千年前《せんねんまえ》。氷河期《ひょうがき》が終《お》わり、海面《かいめん》が上昇《じょうしょう》したときに、この島《しま》だけがブラジル本土《ほんど》から切《き》り離《はな》されるように独立《どくりつ》した。

以降《いこう》、ゴールデン・ランスヘッドは島《とう》内《ない》で独自《どくじ》に進化《しんか》を遂《と》げ、増《ふ》え続《つづ》けた。

もちろんかつて、島内《とうない》に人《ひと》が立《た》ち入《い》ったこともある。そのため、

「1920年頃《ねんごろ》まで、灯台守《とうだいもり》がこの島《しま》に住《す》んでいたが、家族全員《かぞくぜんいん》ヘビに噛《か》み殺《ころ》された」

「その昔《むかし》、島内《とうない》に立《た》ち入《い》った漁師《りょうし》が、ヘビにかまれ1時間以内《じかんいない》に死《し》んだ」

といった、ウワサがあるが、生物学的《せいぶつがくてき》な価値《かち》と希少性《きしょうせい》から、決《けっ》して殺《ころ》してはいけないのだという。

「海賊《かいぞく》が戦利品《せんりひん》を見《み》つけられないように、この島《しま》に宝物《たからもの》を埋《う》めた」

というウワサもまことしやかに語《かた》られてはいるが……。

インドネシア

2億《おく》7000万人《まんにん》を超《こ》える人口《じんこう》を誇《ほこ》るインドネシアは、
約《やく》300の民族《みんぞく》から成《な》る、多民族国家《たみんぞくこっか》だ。
多種多様《たしゅたよう》な土着《どちゃく》の風習《ふうしゅう》や宗教《しゅうきょう》も各地《かくち》で見《み》られ、
それゆえの不可思議《ふかしぎ》な伝承《でんしょう》や事件《じけん》もしばしば、ある。

シリアルキラー

アフマド・スラジ

呪力《じゅりょく》の向上《こうじょう》のために女性《じょせい》を殺《ころ》し、唾液《だえき》を飲《の》んだ

恐怖度 ★★★★★
悲哀度 ★
歴史影響度 ★★★

どの国《くに》にもシリアルキラーが存在《そんざい》する。

インドネシアでも何人《なんにん》か名前《なまえ》があがるが、中《なか》でも「アフマド・スラジ」は特異《とくい》だろう。

というのも、スラジはスマトラ島《とう》にある地元《じもと》でも人気《にんき》の呪術医《じゅじゅつい》だったが、3人《にん》の妻《つま》とともに1986年《ねん》から1997年《ねん》の11年間《ねんかん》で42人《にん》の女性《じょせい》たちを殺害《さつがい》したというのだ。

70人分《にんぶん》の唾液《だえき》を飲《の》め

スラジによると、きっかけはある晩見《ばんみ》た夢《ゆめ》だった。スラジが寝《ね》ている枕元《まくらもと》にスラジの亡《な》き父《ちち》が立《た》ち、

「死《し》ぬ直前《ちょくぜん》の若《わか》い女性《じょせい》の唾液《だえき》を飲《の》め。70人分《にんぶん》だ。そうすればお前《まえ》はすばらしい呪《じゅ》術医《じゅつい》になり、大金《たいきん》が稼《かせ》げるだろう」

と言《い》った、という。

インドネシアには、「ドゥクン」と呼《よ》ばれる呪術医《じゅじゅつい》が存在《そんざい》する。

相談《そうだん》の多《おお》くは、病気《びょうき》の治療《ちりょう》だが、占《うらな》いや予言《よげん》、魔除《まよ》け、悪魔祓《あくまばら》いや呪《のろ》いの代行《だいこう》をすることもあるのだそうだ。

スラジは牛《うし》の飼育《しいく》をしながら、呪術師《じゅじゅつし》をしていた。評判《ひょうばん》は大変《たいへん》なもので、裕福《ゆうふく》な商人《しょうにん》や政府関係者《せいふかんけいしゃ》がわざわざ訪《おとず》れることもあったという。

それでもスラジは、さらに強大《きょうだい》な力《ちから》を求《もと》めていた。

ただ、死《し》ぬ直前《ちょくぜん》の若《わか》い女性《じょせい》と言《い》われても、見《み》つけることすら困難《こんなん》だ。

スラジはひらめいた。

「じゃあ、自分《じぶん》で殺《ころ》せばいいんだ」

幸《さいわ》い、スラジのもとには悩《なや》みを抱《かか》える女性《じょせい》が大勢《おおぜい》訪《おとず》れていた。

畑《はたけ》の中《なか》から……

1997年《ねん》4月《がつ》、サトウキビ畑《ばたけ》で作業《さぎょう》していた男性《だんせい》が、土《つち》が奇妙《きみょう》に盛《も》り上《あ》がっているのを見《み》つけ、村長《そんちょう》に連絡《れんらく》した。

村長《そんちょう》と男性《だんせい》が恐《おそ》るおそる土《つち》を掘《ほ》ってみたところ、腐《くさ》った匂《にお》いが吹《ふ》き出《だ》した。警察《けいさつ》の捜査《そうさ》の結果《けっか》、匂《にお》いの元《もと》はスリ・ケマラ・デヴィという21歳《さい》の女性《じょせい》の遺体《いたい》だということがわかった。
その後《ご》スラジの自供《じきょう》から、なんと42人《にん》もの女性《じょせい》が殺害《さつがい》されていたことが分《わ》かった。サトウキビ畑《ばたけ》からも、42人分《にんぶん》の遺体《いたい》が発見《はっけん》された。
さらに、捜査《そうさ》を進《すす》めるうちに恐《おそ》ろしい殺害方法《さつがいほうほう》も判明《はんめい》した。

土《つち》の中《なか》の儀式《ぎしき》

スラジの元《もと》にやってくる女性《じょせい》たちは、恋愛《れんあい》や家族関係《かぞくかんけい》、体調《たいちょう》、仕事《しごと》など様々《さまざま》な悩《なや》みを抱《かか》えていた。

しかもその多《おお》くは、自分《じぶん》の悩《なや》みを恥《は》じ、こっそりやってきていた。スラジは、11歳《さい》から30歳《さい》までの女性《じょせい》から、

「誰《だれ》にも内緒《ないしょ》で来《き》ました」

という言葉《ことば》を聞《き》くと、

「では、特別《とくべつ》な儀式《ぎしき》を行《おこな》いましょう」

と、サトウキビ畑《ばたけ》に連《つ》れて行《い》った。そして手足《てあし》を縛《しば》り、土《つち》を掘《ほ》って体《からだ》を胸《むね》まで埋《う》めた。

こうなると埋《う》められたほうは身動《みうご》きが取《と》れない。スラジは首《くび》を締《し》めると、唾液《だえき》をむさぼるように吸《す》った。

この儀式《ぎしき》には、スラジの妻《つま》たちも付《つ》き

添《そ》っていた（イスラム教《きょう》では3人《にん》まで妻《つま》を持《も》つことが認《みと》められている）。

妻《つま》たちはスラジが唾液《だえき》を飲《の》み終《お》えると、死体《したい》となった女性《じょせい》の服《ふく》を脱《ぬ》がせた。

そしてスラジがより高《たか》い能力《のうりょく》を身《み》に付《つ》けられるよう願《ねが》いを込《こ》めて、死体《したい》の頭《あたま》をスラジの家《いえ》の方角《ほうがく》に向《む》けて埋《う》めていたのだという。

スラジは2008年《ねん》7月《がつ》に銃殺刑《じゅうさつけい》に処《しょ》された。妻《つま》たちにも、無期懲役《むきちょうえき》など重罪《じゅうざい》が告《つ》げられた。

スラジは最期《さいご》まで悪《わる》びれず、

「私《わたし》がつかまるとは思《おも》っていなかった。自分《じぶん》が殺《ころ》すこと、彼女《かのじょ》たちが殺《ころ》されることは、運命《うんめい》だったのだから。だから、逃《に》げ隠《かく》れする気《き》もなかった」

と供述《きょうじゅつ》し、無罪《むざい》を主張《しゅちょう》していたという。

ところで、スラジは殺害人数《さつがいにんずう》を42人《にん》だと言《い》った。しかし、スラジが犯行《はんこう》していた期間《きかん》に、80人《にん》もの女性《じょせい》が行方不明《ゆくえふめい》になっていたという。

自然環境

時《とき》に、人間《にんげん》を頭《あたま》から丸《まる》のみにする

アミメニシキヘビ

恐怖度 ★★★★★
悲哀度 ★
歴史影響度 ★★★

「世界《せかい》の危険生物《きけんせいぶつ》」を、年間殺人数《ねんかんさつじんすう》を基《き》準《じゅん》にランキングすると、1位《い》は「蚊《か》」、2位《い》は「人間《にんげん》」、そして3位《い》は「ヘビ」だという結果《けっか》がある。

ヘビの場合《ばあい》、毒《どく》によって命《いのち》を落《お》とすケースがほとんどだが、時《とき》には人間《にんげん》が丸《まる》のみにされることもある。

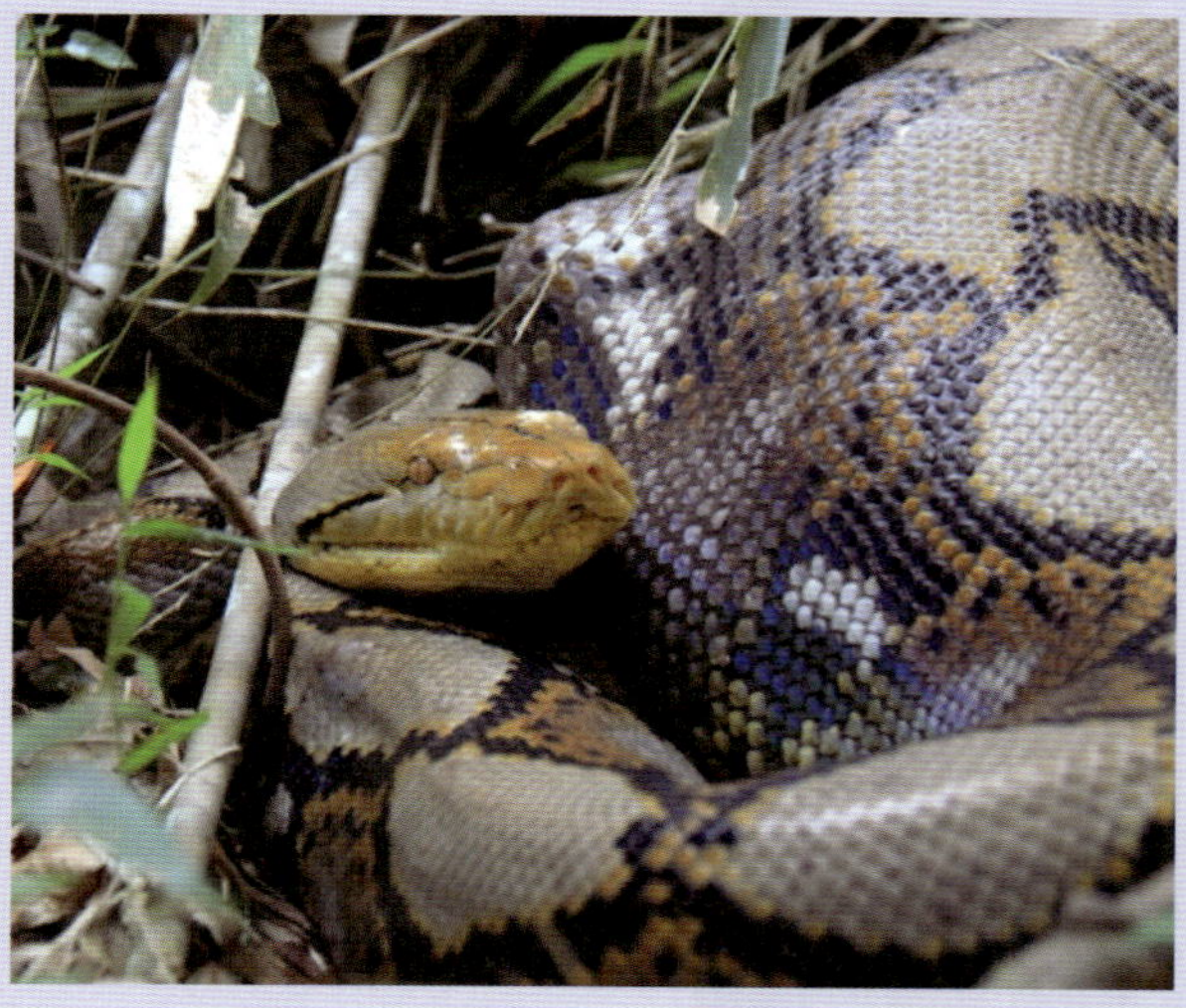

ギネスブックによると、「生《い》け捕《ど》りにされた最大《さいだい》のヘビ」はアミメニシキヘビで、体長約《たいちょうやく》7・67メートル、体重約《たいじゅうやく》136キロ。ただこれは、「生《い》け捕《ど》りにされた」ヘビで、さらに大《おお》きいヘビの目《もく》撃情報《げきじょうほう》もあるという。

行方不明《ゆくえふめい》の女性《じょせい》がいた場所《ばしょ》

2022年《ねん》10月《がつ》、インドネシアのスマトラ島《とう》で、54歳《さい》の女性《じょせい》が行方不明《ゆくえふめい》になった。

夕方《ゆうがた》になっても家《いえ》に帰《かえ》ってこないので夫《おっと》が仕事先《しごとさき》のゴム農園《のうえん》へ探《さが》しにいったところ、妻《つま》のサンダルと上着《うわぎ》、仕事道具《しごとどうぐ》が

散乱《さんらん》しているのを発見《はっけん》した。
驚《おどろ》いた夫《おっと》は警察《けいさつ》に通報《つうほう》し、住民《じゅうみん》たちも一緒《いっしょ》になって捜索《そうさく》にあたった。
すると現場《げんば》のすぐそばで、お腹《なか》が大《おお》きくふくれあがった体長《たいちょう》7メートルほどのアミメニシキヘビが発見《はっけん》された。
なんとか捕《つか》まえ、ヘビのお腹《なか》を切《き》り裂《さ》くと……。妻《つま》の死体《したい》が出《で》てきたという。

死体《したい》には傷《きず》はほとんどなく、ゆっくりと時間《じかん》をかけて頭《あたま》から丸《まる》のみにされた様子《ようす》がうかがえた。

ちなみに、アミメニシキヘビは、獲物《えもの》を食《た》べるときはまず、全身《ぜんしん》に巻《ま》き付《つ》き、強《つよ》い力《ちから》で締《し》め付《つ》けて骨《ほね》をくだき、心臓《しんぞう》を止《と》めて殺《ころ》す。そして頭《あたま》から丸呑《まるの》みにし、数週間《すうしゅうかん》かけて消化《しょうか》するという。

自然開発《しぜんかいはつ》の結果《けっか》か

こんな事件《じけん》もある。

2018年《ねん》6月《がつ》、スラウェシ島付近《とうふきん》の島《しま》で女性《じょせい》が、畑《はたけ》の様子《ようす》を見《み》に行《い》ったきり、行方不明《ゆくえふめい》になった。

住民《じゅうみん》らが捜索《そうさく》したところ、全長《ぜんちょう》7メートルの巨大《きょだい》ニシキヘビの体内《たいない》から遺体《いたい》で発見《はっけん》されたという。

スラウェシ島《とう》では2017年《ねん》にも、同様《どうよう》の事件《じけん》が起《お》きている。

25歳《さい》の男性《だんせい》が、ヤシ油農園《ゆのうえん》に向《む》かったまま、消息不明《しょうそくふめい》になった。この男性《だんせい》もヘビのお腹《なか》の中《なか》から遺体《いたい》で見《み》つかった。

これらの事件《じけん》の共通点《きょうつうてん》は、現場《げんば》が「農園《のうえん》」や「畑《はたけ》」だという点《てん》だ。

ヘビのすみかが開発《かいはつ》などで荒《あ》らされ、エサを求《もと》めて来《き》たのだろう。そこにたまたま居合《いあ》わせた人間《にんげん》が襲《おそ》われた……。

双方《そうほう》にとって、悲《かな》しい偶然《ぐうぜん》がもたらした悲劇《ひげき》だといえるかもしれない。

古代文明・儀式

トラジャ族《ぞく》

遺体《いたい》を生《い》きている人《ひと》のように扱《あつか》い、ともに暮《く》らす

恐怖度 ★★
悲哀度 ★★★★
歴史影響度 ★★★★★

インドネシアは、約《やく》300もの民族《みんぞく》からなる多民族国家《たみんぞくこっか》だ。

中央《ちゅうおう》に位置《いち》するスラウェシ島《とう》にも様々《さまざま》な民族《みんぞく》の人《ひと》たちが生活《せいかつ》している。

中《なか》でもトラジャ族《ぞく》の人々《ひとびと》は、昔《むかし》ながらの伝統的《でんとうてき》な風習《ふうしゅう》や儀式《ぎしき》を行《おこな》っているとして知《し》られている。

特《とく》に「死《し》」にまつわる儀式《ぎしき》は、大変豪《たいへんごう》華《か》なものなのだという。

豪華《ごうか》すぎる葬儀《そうぎ》

トラジャ族《ぞく》の言《い》い伝《つた》えに、「葬儀《そうぎ》（お葬式《そうしき》などの儀式《ぎしき》）にお金《かね》をかければかけるほど死後《しご》も幸《しあわ》せになれる」というものがある。

葬儀《そうぎ》には村中《むらじゅう》の人《ひと》が呼《よ》ばれ、いけにえの水牛《すいぎゅう》による闘牛《とうぎゅう》に始《はじ》まり、踊《おど》りや歌《うた》などが披露《ひろう》される。もちろん、お客《きゃく》さんにはお酒《さけ》やごちそうが振《ふ》る舞《ま》われ、泣《な》いたり笑《わら》ったりしながら時間《じかん》を過《す》ごす。これが数日間《すうじつかん》にも渡《わた》って行《おこな》われるのだ。莫大《ばくだい》な額《がく》のお金《かね》が必要《ひつよう》になる。

トラジャ族《ぞく》の人《ひと》は「葬儀《そうぎ》のために働《はたら》いている」といわれるほど、その日《ひ》のために貯蓄《ちょちく》をする。しかし、お金《かね》が十分用意《じゅうぶんようい》できていないうちに亡《な》くなる人《ひと》がほとんどのようだ。

まだ、死《し》んでいない

そのため、トラジャ族《ぞく》の多《おお》くは家族《かぞく》が亡《な》くなるとまず、遺体《いたい》が腐《くさ》らないようにホルマリンなどで処理《しょり》をし、布《ぬの》などで巻《ま》く。そうして、お金《かね》が貯《た》まるまでの間《あいだ》、死体《したい》と生活《せいかつ》をともにする。

彼《かれ》らにとって死体《したい》とはいっても肉親《にくしん》で、葬儀《そうぎ》まではまだ死《し》んでいないのだ。

だから、朝《あさ》はきちんと起《お》こすし、時《とき》には着替《きが》えもさせる。三食《さんしょく》の食事《しょくじ》も用意《ようい》するし、体《からだ》もふく。

日中《にっちゅう》は一緒《いっしょ》にリビングで過《す》ごし、お客《きゃく》さんが来《き》たら、

「私《わたし》の父《ちち》です」

という風《ふう》に紹介《しょうかい》もする。

夜《よる》は寝室《しんしつ》へと運《はこ》んで、横《よこ》たわらせる。棺《ひつぎ》のかたわらには、トイレまで用意《ようい》している。まるで生《い》きているかのように。

こうして大切《たいせつ》に扱《あつか》わないと、災《わざわ》いが起《お》きるともいわれている。

こうした死者《ししゃ》との期間《きかん》は一般的《いっぱんてき》には3か月《げつ》ほど。人《ひと》によっては数年《すうねん》に及《およ》ぶこともあるのだそうだ。

村《むら》を見守《みまも》る神様《かみさま》に

さて、無事葬儀《ぶじそうぎ》が終《お》わると、遺体《いたい》は先祖代々《せんぞだいだい》の共同墓地《きょうどうぼち》へ運《はこ》ばれ、棺《ひつぎ》に入《い》れられ安置《あんち》される。

絶壁《ぜっぺき》のくぼみには、故人《こじん》の生前《せいぜん》の姿《すがた》をかたどった人形《にんぎょう》がいくつも並《なら》んでいる。この一員《いちいん》として人形《にんぎょう》の姿《すがた》で加《くわ》わり、村人《むらびと》たちを見守《みまも》り続《つづ》けてくれるのだという。

「死体《したい》と一緒《いっしょ》に生活《せいかつ》」

というと、一見《いっけん》、恐《おそ》ろしい風習《ふうしゅう》のように感《かん》じるかもしれないが、見方《みかた》を変《か》えると、亡《な》くなった人《ひと》をいつまでも大切《たいせつ》に思《おも》う、温《あたた》かな風習《ふうしゅう》だ。

実《じつ》はこうした儀式《ぎしき》は、仏教《ぶっきょう》が広《ひろ》まる前《まえ》の日本《にっぽん》でもあったのだそうだ。

「もがり」と呼《よ》ばれるもので、かつては死者《ししゃ》の肉体《にくたい》が腐《く》ちていく様《さま》を見守《みまも》ることで、大切《たいせつ》な人《ひと》の「死《し》」を受《う》け入《い》れていたという。

もちろん、今《いま》の日本《にっぽん》では亡《な》くなると99パーセント以上《いじょう》が火葬《かそう》される。
しかしこの常識《じょうしき》が広《ひろ》まったのはごく最近《さいきん》で、昭和初期《しょうわしょき》までは土葬《どそう》が主流《しゅりゅう》だった。
東京都内《とうきょうとない》にある「雑司ヶ谷霊園《ぞうしがやれいえん》」や「谷中霊園《やなかれいえん》」も、もともとは土葬《どそう》だったという。そのため、現在《げんざい》でも、敷地内《しきちない》に土葬《どそう》のお墓《はか》が残《のこ》されている。

未解決事件

海《うみ》の上《うえ》で惨殺《ざんさつ》され、海《うみ》の底《そこ》へと消《き》えた

オーラン・メダン号《ごう》

恐怖度
★★★★★
悲哀度
★★★★
歴史影響度
★★

海《うみ》には、謎《なぞ》に満《み》ちた事件《じけん》や事故《じこ》の報告《ほうこく》がいくつもある。

中《なか》でも1948年《ねん》に起《お》きた「オーラン・メダン号事件《ごうじけん》」は、未《いま》だミステリーだとされる海難事故《かいなんじこ》のひとつだ。

事件《じけん》は、航行中《こうこうちゅう》のアメリカの船《ふね》、シルバー・スター号《ごう》がとある無線《むせん》を受《う》けたことから始《はじ》まる。

シルバー・スター号《ごう》がマレーシアとインドネシアのスマトラ島《とう》の間《あいだ》にある、マラッカ海峡《かいきょう》を航行《こうこう》していた時《とき》のことだ。

オーラン・メダン号《ごう》のラビットと名乗《なの》る男性《だんせい》が突然《とつぜん》、無線《むせん》で、

「こちらオーラン・メダン号《ごう》。何《なに》かにおそわれた。みんなやられて、血《ち》を吐《は》いて倒《たお》れている」

「私《わたし》も含《ふく》め、まだ息《いき》のある人間《にんげん》もいる」

「頼《たの》む、助《たす》けてくれ」

と、矢継《やつ》ぎ早《ばや》に伝《つた》えてきた。そして、

「I die（私《わたし》も死《し》ぬ）」

というメッセージを残《のこ》し、プツリと切《き》れた。

シルバー・スター号《ごう》の船員《せんいん》たちは、急《いそ》いでオーラン・メダン号《ごう》を目指《めざ》した。

惨劇《さんげき》の甲板《かんぱん》

無線《むせん》が発《はっ》せられた場所《ばしょ》をたどると、確《たし》かにオーラン・メダン号《ごう》は存在《そんざい》した。

船員《せんいん》たちは、拡声器《かくせいき》で呼《よ》びかけた。

応答《おうとう》がない。

そこで船《ふね》を横付《よこづ》け、甲板《かんぱん》に乗《の》り込《こ》んだが、すでに遅《おそ》かった。

オーラン・メダン号《ごう》の船員《せんいん》たちは、一《ひと》人《り》残《のこ》らず息絶《いきた》えていたのだ。さらに、炎《えん》天下《てんか》のためか、死肉《しにく》を求《もと》める海鳥《うみどり》たちがすでに集《あつ》まってきていた。

当時《とうじ》の記録《きろく》によると、「乗組員《のりくみいん》たちは、目《め》を見開《みひら》き、歯《は》をむき出しにして死《し》んでいた」のだという。何《なに》か、恐《おそ》ろしいものを見《み》たかのように。

不思議《ふしぎ》なことに、乗組員《のりくみいん》たちは血《ち》を吐《は》いてはいたが、体《からだ》に目立《めだ》った傷《きず》はなかったという。ただ、船《ふね》の上《うえ》は異様《いよう》な空気《くうき》に包《つつ》まれていた。

シルバー・スター号《ごう》の船員《せんいん》たちは、誰《だれ》からともなく、自分《じぶん》たちの船《ふね》へと帰《かえ》り始《はじ》めた。それでも、ひとりの船員《せんいん》が、調査《ちょうさ》を続《つづ》けようと機関室《きかんしつ》へ向《む》かおうとしたとき、炎《ほのお》が吹《ふ》き出《だ》してきた。

「みんな逃《に》げろ！　爆発《ばくはつ》するぞ！」

全員《ぜんいん》が避難《ひなん》し終《お》えたちょうどその時《とき》、オーラン・メダン号《ごう》は爆音《ばくおん》とともに炎《ほのお》に包《つつ》まれ、海《うみ》の底《そこ》へ沈《しず》んでいった。

消《け》された記録《きろく》

後日《ごじつ》、オーラン・メダン号《ごう》が沈《しず》んだ付近《ふきん》が調査《ちょうさ》されたが、全《すべ》て跡形《あとかた》もなく海《うみ》に沈《しず》んだこともあり、手《て》がかりすらつかむことはできなかった。

さらに、オーラン・メダン号《ごう》は、登記《とうき》記録《きろく》も保険組合《ほけんくみあい》の記録《きろく》にも存在《そんざい》していないことが発覚《はっかく》した。

救助《きゅうじょ》にあたったシルバー・スター号《ごう》の乗組員《のりくみいん》たちも、不思議《ふしぎ》なことに記録《きろく》を残《のこ》していなかった。

唯一確認《ゆいいつかくにん》できるのは、1952年《ねん》にアメリカ湾岸警備隊《わんがんけいびたい》が刊行《かんこう》した書籍《しょせき》のみだが、アメリカ湾岸警備隊《わんがんけいびたい》が捏造《ねつぞう》するメリットはない。

「オーラン・メダン号《ごう》は戦後《せんご》の混乱《こんらん》に乗《じょう》じ、犯罪《はんざい》に関《かか》わっていたのではないか」という説《せつ》をとなえる人《ひと》もいる。

どこから見《み》ても謎《なぞ》の多《おお》い事件《じけん》だということは間違《まちが》いない。

朝鮮半島《ちょうせんはんとう》

日本《にっぽん》にとって身近《みぢか》な存在《そんざい》になった朝鮮半島《ちょうせんはんとう》だが、
歴史《れきし》や伝統《でんとう》、文化《ぶんか》となると、異《こと》なる部分《ぶぶん》は多《おお》い。
とはいっても、権力争《けんりょくあらそ》いに端《たん》を発《はっ》する人間《にんげん》ドラマは、
目《め》を背《そむ》けたくなる一方《いっぽう》で、共感《きょうかん》の声《こえ》もあがる。

暴君・悪女

燕山君《ヨンサングン》

自分《じぶん》の欲《よく》のために民《たみ》を抑圧《よくあつ》した

恐怖度 ★★★★
悲哀度 ★★
歴史影響度 ★★★★

1392年《ねん》から1897年《ねん》にかけて、朝鮮半島《ちょうせんはんとう》には李氏朝鮮《りしちょうせん》（朝鮮王朝《ちょうせんおうちょう》）が存在《そんざい》した。

約《やく》500年《ねん》にも渡《わた》る王朝《おうちょう》だ。王《おう》は26人《にん》いたというが、仁君《じんくん》（思《おも》いやりのある君主《くんしゅ》）もいれば、暴君《ぼうくん》もいた。

さて、「朝鮮王朝《ちょうせんおうちょう》、最悪《さいあく》の暴君《ぼうくん》」としてしばしば語《かた》られるのが、1495年《ねん》に王位《おうい》についた、10代王《だいおう》の燕山君（ヨンサングン）だ。

幼《おさな》い頃《ころ》に母親《ははおや》を亡《な》くしたヨンサングンは、そのために大変《たいへん》ワガママに育《そだ》っていたと言《い》われている。

といっても、ヨンサングンの即位前《そくいまえ》は、父王《ふおう》・成宗（ソンジョン）によって、文化的《ぶんかてき》で平和《へいわ》な社会《しゃかい》が築《きず》かれていた。

王位《おうい》を引《ひ》き継《つ》いだヨンサングンも、当初《とうしょ》は父《ちち》のようにと、懸命《けんめい》に政治《せいじ》を行《おこな》っていたようだ。

しかし、18歳《さい》で即位《そくい》したこともあり、父王《ふおう》や祖父《そふ》の代《だい》からの家臣《かしん》からアドバイスを受《う》ける機会《きかい》が多《おお》かった。

それが気《き》に食《く》わないと、ヨンサングンはしばしば家来《けらい》を処刑《しょけい》した。

そんなある日《ひ》、誰《だれ》もが固《かた》く口《くち》を閉《と》ざしていた「ヨンサングンの母《はは》の死《し》の秘密《ひみつ》」を、家臣《かしん》が打《う》ち明《あ》けてしまった。

女性同士《じょせいどうし》の争《あらそ》いの果《は》てに

先帝《せんてい》のソンジョンは、朝鮮王朝《ちょうせんおうちょう》を発展《はってん》させた優《すぐ》れた人物《じんぶつ》ではあったが、欠点《けってん》があった。大変《たいへん》な「女好《おんなず》き」だったのだ。

そのため、朝廷《ちょうてい》の内部《ないぶ》では「女《おんな》の戦《たたか》い」が繰《く》り広《ひろ》げられていたようだ。

ソンジョンの2番目《ばんめ》の王妃《おうひ》で、ヨンサングンの母《はは》・尹氏（ユンシ）はその中心《ちゅうしん》人物《じんぶつ》の一人《ひとり》だった。

ユンシは貧《まず》しい生《う》まれではあったが、大変美《たいへんうつく》しかった。一方《いっぽう》でとても気《き》が強《つよ》く、嫉妬深《しっとぶか》かった。

そのため、王宮内《おうきゅうない》ではあまり好《す》かれていなかったようだ。

そこでユンシは、他《ほか》の女性《じょせい》たちを呪《のろ》い殺《ころ》そうとする。ユンシの部屋《へや》で呪術《じゅじゅつ》にまつわる書物《しょもつ》や毒薬《どくやく》ヒ素《そ》があることを知《し》ったソンジョンは、ユンシの位《くらい》を王妃《おうひ》から側室《そくしつ》へと落《お》とした。

ある日《ひ》、そんな二人《ふたり》が、女性《じょせい》のことで口論《こうろん》になった。その際《さい》、ユンシは王《おう》ソンジョンの顔《かお》を引《ひ》っ掻《か》いてケガをさせてしまったのだ。

叶《かな》わなかった復権《ふっけん》

そのせいで王宮《おうきゅう》を追《お》い出《だ》されたユンシは、遠《とお》く離《はな》れた地《ち》で、実母《じつぼ》と二人《ふたり》で寂《さび》しい生活《せいかつ》を強《し》いられた。

とはいえユンシは、いずれ王《おう》となるヨンサングンの母《はは》でもあった。

そこで、ソンジョンはこれが最後《さいご》と、

「反省《はんせい》をしているなら王宮《おうきゅう》に戻《もど》ってきてもいい」

と、ユンシにチャンスを与《あた》えた。

ユンシはもちろん反省《はんせい》していた。しかし、敵対者《てきたいしゃ》が多《おお》かったこともあり、使者《ししゃ》はソンジョンに、

「全《まった》く反省《はんせい》してなかった」

と、ウソの報告《ほうこく》をした。

ソンジョンはユンシに死罪《しざい》の命令《めいれい》を下《くだ》し、ユンシは服毒死《ふくどくし》した。28歳《さい》だった。

母《はは》ユンシの復讐《ふくしゅう》

そんな話《はなし》を聞《き》かされたヨンサングンは、一晩中《ひとばんじゅう》、泣《な》きに泣《な》いた。

そして泣《な》きあかしたヨンサングンは、母親《ははおや》の死《し》に関《かか》わった者《もの》たちを処刑《しょけい》することに決《き》めた。

特《とく》に母親《ははおや》の死《し》のきっかけを生《う》んだ女性《じょせい》二人《ふたり》の処刑法《しょけいほう》は残酷《ざんこく》だった。

体《からだ》を縛《しば》りつけ、王宮《おうきゅう》の庭《にわ》で散々殴《さんざんなぐ》りつけたうえ、彼女《かのじょ》たちの息子《むすこ》に棒《ぼう》で死《し》ぬまで叩《たた》かせたのだ。遺体《いたい》はバラバラにされ、塩漬《しおづ》けにして山野《さんや》にばらまかれたという。

その後《あと》、息子《むすこ》たちも殺《ころ》された。

すでに亡《な》くなっている人間《にんげん》は、墓《はか》を掘《ほ》り返《かえ》して、首《くび》をはねさせた。

荒《あ》れ果《は》てた生活《せいかつ》

この出来事《できごと》が引《ひ》き金《がね》になったのかもしれない。ヨンサングンは、全国《ぜんこく》から美女《びじょ》を集《あつ》め、大勢《おおぜい》の妓生《キーセン》（キーセン／歌舞《かぶ》を職業《しょくぎょう》とする女性《じょせい》）を招《まね》き、成均館《せいきんかん》（最高《さいこう》教育機関《きょういくきかん》）を遊興《ゆうきょう》の場《ば》に変《か》えた。

王宮《おうきゅう》でも連日《れんじつ》のように宴会《えんかい》を開《ひら》くようになった。当然《とうぜん》のように、財政《ざいせい》はひっ迫《ぱく》していった。

するとヨンサングンは、民《たみ》への増税《ぞうぜい》を命《めい》じた。自分《じぶん》を注意《ちゅうい》する家臣《かしん》は、ことごとく残酷《ざんこく》な方法《ほうほう》で処刑《しょけい》した。

そんな暴政《ぼうせい》に我慢《がまん》できなくなった庶民《しょみん》は、壁《かべ》などにハングル（朝鮮文字《ちょうせんもじ》）で、「最低《さいてい》な女《おんな》たちと、最低《さいてい》な王《おう》」といった悪口《わるぐち》をあちこちに書《か》いた。

それを知《し》ったヨンサングンは、庶民《しょみん》のハングルの使用《しよう》を禁止《きんし》した。

だが、そんな横暴《おうぼう》は長《なが》くは続《つづ》かない。1506年《ねん》ついに、ヨンサングンを追放《ついほう》するクーデターが起《お》こる。

ヨンサングンは江華島《こうかとう》へ流罪《るざい》となり、王位《おうい》を奪《うば》われた。そしてその2か月後《げつご》、わずか30歳《さい》でこの世《よ》を去《さ》った。

暴君・悪女

張緑水《チャンノクス》

王《おう》の権力《けんりょく》を笠《かさ》に、贅《ぜい》を尽《つ》くした

恐怖度 ★★
悲哀度 ★
歴史影響度 ★★

朝鮮王朝《ちょうせんおうちょう》は、韓国《かんこく》ドラマや韓国映画《かんこくえいが》で人気《にんき》の舞台《ぶたい》として扱《あつか》われることも多《おお》い。

そんなストーリーを盛《も》り上《あ》げるのが、王宮《おうきゅう》で暗躍《あんやく》する悪女《あくじょ》たちだ。

張緑水（チャン・ノクス）は、先《さき》に紹《しょう》介《かい》した10代王《だいおう》ヨンサングンにまつわる人《じん》物《ぶつ》で、「朝鮮王朝3大悪女《ちょうせんおうちょうだいあくじょ》」のひとりとしても有名《ゆうめい》だ。

「美《び》」を武器《ぶき》に王宮《おうきゅう》へ

チャン・ノクスは貧《まず》しい家《いえ》で生《う》まれたが、美貌《びぼう》の持《も》ち主《ぬし》だった。そのため、結《けっ》

婚《こん》して息子《むすこ》もいたが、

「自分《じぶん》はもっと成《な》り上《あ》がりたい」

という欲《よく》が強《つよ》かったのだろう。

夫《おっと》と子《こ》を置《お》いて家出《いえで》し、キーセンになった。チャン・ノクスの年齢《ねんれい》はすでに30歳《さい》を過《す》ぎていたというが、その美《うつく》しさはすぐに評判《ひょうばん》を呼《よ》び、王宮《おうきゅう》へ招《まね》き入《い》れられた。

そしてすぐヨンサングンに気《き》に入《い》られ、側室《そくしつ》にまでのぼりつめた。

税金《ぜいきん》を湯水《ゆみず》のように

王宮内《おうきゅうない》でのチャン・ノクスの評判《ひょうばん》は極《きわ》めて悪《わる》かった。王宮《おうきゅう》のルールを全《まった》く知《し》らないのだから無理《むり》はない。

しかし、マナーをとがめられても、

「上品《じょうひん》だ下品《げひん》だって言《い》うけど、一皮《ひとかわ》むけばみんな同《おな》じ」

と、鼻《はな》で笑《わら》い、ヨンサングンの機嫌《きげん》だけを取《と》り続《つづ》けた。

ヨンサングンもチャン・ノクスを特別《とくべつ》にかわいがり、彼女《かのじょ》のために毎晩《まいばん》のように宴会《えんかい》を開《ひら》いた。王宮《おうきゅう》は乱《みだ》れていった。

さらにチャン・ノクスは、倉庫《そうこ》の財宝《ざいほう》を勝手《かって》に持《も》ち出《だ》し、自分《じぶん》を着飾《きかざ》るために税金《ぜいきん》を湯水《ゆみず》のように使《つか》った。

増税《ぞうぜい》の一因《いちいん》はチャン・ノクスの散財《さんざい》にもあったのだ。庶民《しょみん》には彼女《かのじょ》がヨンサングンを裏《うら》で操《あやつ》る「悪女《あくじょ》」に見《み》えた。

そうして1506年《ねん》、高官《こうかん》たちによるクーデターが起《お》きる。

その際《さい》、チャン・ノクスは首《くび》を切《き》られ、遺体《いたい》は市中《しちゅう》にさらされた。

遺体《いたい》に向《む》かってツバをかけ、石《いし》を投《な》げる市民《しみん》は多《おお》く、たちまち石塚《いしづか》ができたという。当時《とうじ》はそれほど憎《にく》まれた存在《そんざい》だったということだろう。

中国《ちゅうごく》

世界四大文明《せかいよんだいぶんめい》の一《ひと》つに数《かぞ》えられる黄河文明《こうがぶんめい》や、
さらに古《ふる》くから存在《そんざい》したとされる長江文明《ちょうこうぶんめい》など、
中国《ちゅうごく》の歴史《れきし》はアジア史《し》、世界史《せかいし》には欠《か》かせない。
ただ、遥《はる》かな流《なが》れの影《かげ》には、残忍《ざんにん》な為政者《いせいしゃ》も存在《そんざい》した。

暴君・悪女

古代中国《こだいちゅうごく》で残虐《ざんぎゃく》の限《かぎ》りをつくした 紂王《ちゅうおう》と妲己《だっき》

恐怖度 ★★★★
悲哀度 ★★
歴史影響度 ★★★★

「殷《いん》」は紀元前《きげんぜん》1600年頃《ねんごろ》から紀元前《きげんぜん》1046年頃《ねんごろ》に栄《さか》えた古代王朝《こだいおうちょう》だ。

しかしどの王朝《おうちょう》でもよくあることだが、殷《いん》もまた王《おう》の暴政《ぼうせい》のせいで、滅《ほろ》びた。

殷《いん》の末代《まつだい》の王《おう》・紂王《ちゅうおう》は、長身《ちょうしん》でスタイルも顔《かお》も頭《あたま》もよく力《ちから》も強《つよ》い、「文武両道《ぶんぶりょうどう》の王《おう》」として、国民《こくみん》から愛《あい》されていた。

そんな紂王《ちゅうおう》の心《こころ》を奪《うば》う女性《じょせい》が現《あらわ》れた。「妲己《だっき》」だ。

紂王《ちゅうおう》は、美《うつく》しくスリリングな妲己《だっき》に夢《む》中《ちゅう》になった。次第《しだい》に周囲《しゅうい》を見下《みくだ》し始《はじ》め、政治《せいじ》に関心《かんしん》を持《も》たなくなっていった。

「酒池肉林《しゅちにくりん》」の宴《うたげ》

二人《ふたり》のエピソードとして最《もっと》も有名《ゆうめい》なものに、四字熟語《よじじゅくご》の「酒池肉林《しゅちにくりん》」がある。

ある日《ひ》、妲己《だっき》は紂王《ちゅうおう》に

「私《わたし》、乱痴気騒《らんちきさわ》ぎというものが見《み》てみたいわ」

と、お願《ねが》いをする。

「そんなの、かんたんだよ」

紂王《ちゅうおう》はすぐに家臣《かしん》に、木《き》の枝《えだ》に肉《にく》をぶら下《さ》げた林《はやし》、酒《さけ》で満《み》たされた池《いけ》、ごちそうで埋《う》め尽《つ》くした平原《へいげん》を作《つく》らせた。

さらにそこに相当《そうとう》な数《かず》の、裸《はだか》の若《わか》い美男《びなん》・美女《びじょ》を用意《ようい》させ、「長夜《ちょうや》の飲《いん》(宴《えん》)」を開《ひら》いてみせた。

長夜《ちょうや》の飲《いん》とは百二十日《ひゃくにじゅうにち》を一夜《いちや》とした宴《えん》会《かい》を指《さ》す。

池《いけ》の大《おお》きさは大《おお》きな船《ふね》を浮《う》かべられるほどで、料理《りょうり》は何頭《なんとう》もの馬《うま》が毎食《まいしょく》、運《はこ》んだというから、壮大《そうだい》なスケールだ。

もちろん妲己《だっき》や紂王《ちゅうおう》も裸《はだか》で宴《うたげ》に参加《さんか》した。浪費《ろうひ》の仕方《しかた》は、桁外《けたはず》れだった。

残酷《ざんこく》すぎる趣味《しゅみ》

また、紂王《ちゅうおう》と妲己《だっき》は「処刑《しょけい》」を趣味《しゅみ》にしていたともいわれている。

ある時《とき》妲己《だっき》は紂王《ちゅうおう》に、

「生《い》きている人《ひと》が、火《ひ》にあぶられている姿《すがた》が見《み》たいわ」

というお願《ねが》いをする。紂王《ちゅうおう》は、家臣《かしん》を集《あつ》めると、

「今後《こんご》、重大《じゅうだい》な違反《いはん》をした者《もの》は火《ひ》あぶりの刑《けい》にする」

と宣告《せんこく》した。

この、処刑法《しょけいほう》が残酷《ざんこく》だった。

火《ひ》の海《うみ》の上《うえ》に、銅《どう》でできた丸《まる》い柱《はしら》の橋《はし》を渡《わた》し、素足《すあし》の受刑者《じゅけいしゃ》に渡《わた》らせるというものなのだが、橋《はし》には油《あぶら》が塗《ぬ》られていた。

そのため、高熱《こうねつ》になり、すべる。

ほとんどの受刑者《じゅけいしゃ》は足《あし》をすべらせ火《ひ》の海《うみ》に落下《らっか》した。

必死《ひっし》の形相《ぎょうそう》の受刑者《じゅけいしゃ》たちを見《み》て、紂王《ちゅうおう》と妲己《だっき》は笑《わら》い転《ころ》げたという。

「酒池蠆盆《しゅちたいぼん》の刑《けい》」という処刑法《しょけいほう》も、妲己《だっき》の要望《ようぼう》で作《つく》られたといわれている。

これは二人《ふたり》を戦《たたか》わせ、勝《か》った者《もの》は「酒《しゅ》池《ち》」へ、敗者《はいしゃ》は「蠆盆《たいぼん》」という穴《あな》に入《い》れるという刑罰《けいばつ》だ。

蠆盆《たいぼん》には、サソリやムカデなどの毒虫《どくむし》や毒蛇《どくじゃ》が無数《むすう》にうごめいている。この穴《あな》に入《い》れられた人間《にんげん》は、死《し》ぬまで恐怖《きょうふ》と苦《く》痛《つう》に絶叫《ぜっきょう》することになる。

一方《いっぽう》酒池《しゅち》は、一見《いっけん》ご褒美《ほうび》のようだが、入《はい》った人間《にんげん》のほとんどが、酔《よ》っ払《ぱら》っておぼれ死《し》ぬのだという。

紂王《ちゅうおう》に意見《いけん》を申《もう》し立《た》てる家臣《かしん》は、これらの刑《けい》のターゲットになった。

二人《ふたり》は残酷《ざんこく》な刑《けい》を生《う》み出《だ》しては、「最《さい》高《こう》のエンターテインメント」として楽《たの》しんだのだ。

必然《ひつぜん》だった、復讐《ふくしゅう》

こんな話《はなし》もある。九侯《きゅうこう》という有力者《ゆうりょくしゃ》の娘《むすめ》が、紂王《ちゅうおう》の側室《そくしつ》に迎《むか》え入《い》れられた。

しかし娘《むすめ》は、紂王《ちゅうおう》と妲己《だっき》をこばんだ。腹《はら》を立《た》てた紂王《ちゅうおう》は娘《むすめ》を殺《ころ》し、九侯《きゅうこう》を「醢《ししびしお》の刑《けい》」に処《しょ》した。

醢《ししびしお》の刑《けい》とは、受刑者《じゅけいしゃ》の肉《にく》をそぎ落《お》として塩漬《しおづ》けにする刑《けい》だ。この時紂王《ときちゅうおう》は、九侯《きゅうこう》の体《からだ》を生《い》きたままそぎ、塩漬《しおづ》けにしたという。というのも、紂王《ちゅうおう》と妲己《だっき》は、

「人肉《じんにく》は最高《さいこう》の珍味《ちんみ》」

だと、特《とく》に好《この》んで食《た》べており、こうした有力者《ゆうりょくしゃ》たちの「人肉《じんにく》」は、宴会《えんかい》で振《ふ》る舞《ま》われたともいわれている。

もちろん、目《め》を背《そむ》ける人《ひと》もいた。

あるとき、地方《ちほう》の有力者《ゆうりょくしゃ》である文王《ぶんおう》は、思《おも》わずため息《いき》をもらしてしまった。

すると、その様子《ようす》を何者《なにもの》かに密告《みっこく》され、捕《と》らえられてしまった。

幽閉《ゆうへい》された文王《ぶんおう》は、紂王《ちゅうおう》からある食《た》べ物《もの》を目《め》の前《まえ》に出《だ》された。

「これは、お前《まえ》の長男《ちょうなん》を殺《ころ》して作《つく》った羹《あつもの》(肉汁《にくじる》)だ。聖人《せいじん》なら食《く》えないだろう。だが、食《く》わないと殺《ころ》す」

文王《ぶんおう》は黙《だま》って羹《あつもの》を食《た》べた。紂王《ちゅうおう》は、

「誰《だれ》がこの者《もの》を聖人《せいじん》などと言《い》ったのだ!?自分《じぶん》の子《こ》をうまそうに食《た》べたぞ」

とせせら笑《わら》った。文王《ぶんおう》はその後《あと》、財宝《ざいほう》や領地《りょうち》を紂王《ちゅうおう》に献上《けんじょう》して釈放《しゃくほう》されたが、紂王《ちゅうおう》を撃《う》つために立《た》ち上《あ》がった。

そしてついに、文王《ぶんおう》の次男《じなん》、武王《ぶおう》によって、紂王《ちゅうおう》は討《う》たれた。この武王《ぶおう》が新《あたら》しく作《つく》った王朝《おうちょう》が、「周《しゅう》」だ。

さて、紂王《ちゅうおう》をそそのかし続《つづ》けた妲己《だっき》だが、「狐《きつね》の妖怪《ようかい》だった」とまことしやかに語《かた》られている。その後《あと》はなんと「九尾《きゅうび》の狐《きつね》」となって日本《にっぽん》に逃《に》げ、「玉藻前《たまものまえ》」という美《うつく》しい女性《じょせい》に化《ば》け、日本《にっぽん》を滅《ほろ》ぼそうとしたという伝説《でんせつ》が残《のこ》されている。

暴君・悪女

歴代皇帝《れきだいこうてい》の中《なか》でも最《もっと》も人間《にんげん》を殺《ころ》した

洪武帝《こうぶてい》

恐怖度
★★★★★
悲哀度
★
歴史影響度
★★★★★

1368年《ねん》に「明《みん》」を建国《けんこく》して初代皇《しょだいこう》帝《てい》となった洪武帝《こうぶてい》(朱元璋《しゅげんしょう》)は、まれにみる立身出世《りっしんしゅっせ》をした人物《じんぶつ》だ。

ただコンプレックスが並外《なみはず》れて強《つよ》く、暴君《ぼうくん》として今《いま》も語《かた》られている。

朱元璋《しゅげんしょう》が生《う》まれ育《そだ》ったのは、貧《まず》しい農《のう》家《か》だった。

飢饉《ききん》のために家族《かぞく》を次々《つぎつぎ》に亡《な》くすほど貧《まず》しく、朱元璋《しゅげんしょう》も10代《だい》でお寺《てら》に引《ひ》き取《と》られている。

しかし、お寺《てら》にも食《た》べ物《もの》などなかった。朱元璋《しゅげんしょう》は托鉢僧《たくはっそう》として食料《しょくりょう》をもらいながら、なんとか生《い》きながらえた。

そんな時《とき》、白蓮教徒《はくれんきょうと》（信者《しんじゃ》の大半《たいはん》は貧《まず》しい農民《のうみん》）が「紅巾の乱《こうきんのらん》」を起《お》こした。朱元璋《しゅげんしょう》は紅巾《こうきん》の乱《らん》に参加《さんか》すると、ライバルを蹴落《けお》としながらのしあがり、ついに皇帝《こうてい》にまで上《のぼ》りつめた。

歯向《はむ》かうものには死《し》を

ついに朱元璋《しゅげんしょう》は「洪武帝《こうぶてい》」となった。協力者《きょうりょくしゃ》も多《おお》かったが、皇帝《こうてい》の座《ざ》につくやいなや、自分《じぶん》のライバルになりそうな人物《じんぶつ》は、一族《いちぞく》もろとも殺《ころ》した。

また、自分《じぶん》に歯向《はむ》かうものも容赦《ようしゃ》せず殺《ころ》した。その方法《ほうほう》が酷《ひど》かった。

地面《じめん》から頭《あたま》だけを出《だ》して生《い》き埋《う》めにして大《おお》きな斧《おの》で一気《いっき》に首《くび》を切《き》り落《お》とすこともあれば、肛門《こうもん》に鉄《てつ》フックを刺《さ》し、片方《かたほう》の足《あし》をポールに結《むす》び、もう片方《かたほう》は石《いし》の重《おも》りを吊《つ》り下《さ》げ、メキメキと体《からだ》を2つに裂《さ》いて見《み》せることもあった。

「皮剥《かわは》ぎ」と呼《よ》ばれる処刑法《しょけいほう》も、洪武帝《こうぶてい》が好《この》んだ処刑法《しょけいほう》だ。

その名《な》の通《とお》り、生《い》きたまま人間《にんげん》の皮《かわ》を剥《は》ぐというもので、その皮《かわ》で太鼓《たいこ》やカカシを作《つく》ってみせた。この刑《けい》は特《とく》にお気《き》に入《い》りだったようで、各地《かくち》に「カワハギ寺《でら》」を作《つく》ったともいう。

「凌遅刑《りょうちけい》」と呼《よ》ばれる刑《けい》も嬉々《きき》として行《おこな》った。

この刑《けい》は、人間《にんげん》の肉《にく》を生《い》きたまままけずり取《と》るというものだ。

肉《にく》を切《き》り裂《さ》かれるとはいえ、少《すこ》しずつけずられるため、なかなか死《し》ねない。人《ひと》によっては絶命《ぜつめい》するまでに数千回《すうせんかい》も肉体《にくたい》をけずられたという。

庶民《しょみん》の言論《げんろん》も監視《かんし》

洪武帝《こうぶてい》の暴虐《ぼうぎゃく》は、年々《ねんねん》ひどくなった。自分《じぶん》の家臣《かしん》はもちろん、庶民《しょみん》にまで目《め》を光《ひか》らせ、思《おも》い通《どお》りにならない人《ひと》には重《おも》い罰《ばつ》を下《くだ》すようになったのだ。

有名《ゆうめい》なものに、「文字《もじ》の獄《ごく》」がある。自分《じぶん》の過去《かこ》に負《お》い目《め》がある洪武帝《こうぶてい》は、過去《かこ》にまつわる全《すべ》てを嫌《きら》った。

そこで、物乞《ものご》いをしていた頃《ころ》の記憶《きおく》を呼《よ》び起《お》こす「僧《そう》」「盗《とう》」、自分《じぶん》のコンプレックスである「光《ひかり》」「禿《はげ》」といった文字《もじ》の使用《しよう》を禁止《きんし》した。うっかり書類《しょるい》に文字《も》がまぎれこんでいただけで、関《かか》わった役人《やくにん》をことごとく殺《ころ》した。

自分《じぶん》の過去《かこ》を知《し》り、語《かた》るもまた、徹底的《てっていてき》に粛清《しゅくせい》（厳《きび》しく取《と》り締《し》まること）し、処刑《しょけい》したという。

こうして洪武帝《こうぶてい》は、数万人単位《すうまんにんたんい》の残虐《ざんぎゃく》な処刑《しょけい》を、１３９８年《ねん》に71歳《さい》で死《し》ぬまで続《つづ》けたという。

暴君・悪女

残忍《ざんにん》さを武器《ぶき》に女帝《じょてい》にのぼりつめた

武則天《ぶそくてん》（則天武后《そくてんぶこう》）

恐怖度 ★★★★★
悲哀度 ★
歴史影響度 ★★★★★

武則天《ぶそくてん》（武照《ぶしょう》）は、唐《とう》の第《だい》3代皇帝《だいこうてい》・高宗《こうそう》の皇后《こうごう》で、中国史上唯一《ちゅうごくしじょうゆいいつ》の女帝《じょてい》だ。

もとは皇帝《こうてい》・太宗《たいそう》の側室《そくしつ》だった。14歳《さい》の頃《ころ》、その美《うつく》しさから宮廷《きゅうてい》に呼《よ》ばれたが、太宗《たいそう》とは20歳《さい》も年齢《ねんれい》が離《はな》れていたという。そのため太宗《たいそう》が息《いき》を引《ひ》き取《と》った時《とき》、武照《ぶしょう》はまだ20代《だい》だった。

子《こ》どもはいなかった。

当時《とうじ》は、皇帝《こうてい》が亡《な》くなると、后《きさき》や側室《そくしつ》は尼寺《あまでら》に行《い》く決《き》まりがあった。

ところが、武照《ぶしょう》だけは、一度《いちど》は尼寺《あまでら》に行《い》ったものの、太宗《たいそう》の息子《むすこ》の新皇帝《しんこうてい》・高宗《こうそう》の側室《そくしつ》に迎《むか》え入《い》れられることとなった。

「皇后《こうごう》の座《ざ》は私《わたし》のもの」

高宗《こうそう》は美《うつく》しい武照《ぶしょう》に夢中《むちゅう》になった。

ほどなくして武照《ぶしょう》は、男《おとこ》の子《こ》を生《う》んだ。子《こ》どもには、すぐ皇位継承権《こういけいしょうけん》が与《あた》えられたが、武照《ぶしょう》は満足《まんぞく》しなかった。自分《じぶん》は側室《そくしつ》の一人《ひとり》にすぎなかったからだ。

そこで武照《ぶしょう》は、女《おんな》の子《こ》を生《う》んだ時《とき》、一計《いっけい》を案《あん》じた。

ある時《とき》、武照《ぶしょう》は高宗《こうそう》の正式《せいしき》な皇后《こうごう》である、「王《おう》」皇后《こうごう》を自分《じぶん》の部屋《へや》に呼《よ》んだ。王皇后《おうこうごう》は武照《ぶしょう》の部屋《へや》を訪《おとず》れたのだが、部屋《へや》にいたのは、ベッドに寝《ね》かされた赤《あか》ちゃんだけだった。

「なんてかわいらしいんでしょう」

王皇后《おうこうごう》は、思《おも》わず赤《あか》ん坊《ぼう》を抱《だ》き上《あ》げた。

しかし、武照《ぶしょう》はなかなか帰《かえ》ってこない。王皇后《おうこうごう》は出直《でなお》すことにした。

しばらくして、武照《ぶしょう》の部屋《へや》から悲鳴《ひめい》が

あがった。

「赤《あか》ちゃんが、死《し》んでる！」

武照《ぶしょう》が部屋《へや》に戻《もど》ってくると、赤《あか》ちゃんが死《し》んでいたというのだ。

「誰《だれ》かこの部屋《へや》に立《た》ち入《い》った者《もの》は？」

すると、武照《ぶしょう》の侍女《じじょ》（召使《めしつか》い）が震《ふる》える声《こえ》で答《こた》えた。

「ついさきほど、王皇后《おうこうごう》さまがいらっしゃいました」

酷《ひど》すぎる刑罰《けいばつ》

これは武照《ぶしょう》のワナだったと言《い》われている。武照《ぶしょう》は物陰《ものかげ》にかくれ、タイミングを見計《みはか》らって、自分《じぶん》の赤《あか》ちゃんの首《くび》を絞《し》めたのだ、と。

しかし、武照《ぶしょう》の言《い》い分《ぶん》を信《しん》じた皇帝《こうてい》・高宗《こうそう》は、王皇后《おうこうごう》を鞭打《むちう》ちの刑《けい》にし、両腕《りょううで》と両足《りょうあし》を切断《せつだん》した。そして大《おお》きな酒《さけ》のたるの中《なか》に首《くび》だけを出《だ》した姿《すがた》で入《い》れた。

王皇后《おうこうごう》はたるの中《なか》で、激《はげ》しい痛《いた》みと出血《しゅっけつ》に絶叫《ぜっきょう》しながら、5日間《かかん》も生《い》きたとも、王皇后《おうこうごう》がつけられた酒《さけ》は「人間酒《にんげんしゅ》」としてふるまわれたとも、いわれている。

その後《のち》、武照《ぶしょう》は他《た》の皇后《こうごう》や側室《そくしつ》たちを次々《つぎつぎ》に、残酷《ざんこく》な方法《ほうほう》で処刑《しょけい》した。

そして「武則天《ぶそくてん》」に

良心《りょうしん》が痛《いた》んだのか、病弱《びょうじゃく》な高宗《こうそう》は寝《ね》込《こ》みがちになった。

すると武照《ぶしょう》が代《か》わりに政治《せいじ》を主導《しゅどう》するようになった。武照《ぶしょう》ののめり込《こ》み方《かた》は大《たい》変《へん》なもので、自分《じぶん》の息子《むすこ》である皇太子《こうたいし》が頭角《とうかく》をあらわすと、廃位《はいい》にした。

そして自分《じぶん》の政敵《せいてき》や歯向《はむ》かう家臣《かしん》を次々《つぎつぎ》に拷問《ごうもん》し、処刑《しょけい》した。

こうして皇帝《こうてい》「武則天《ぶそくてん》」の地位《ちい》にまでのぼりつめたのだ。


ちなみに奈良《なら》の大仏《だいぶつ》は、武則天《ぶそくてん》がモチーフだといわれている。あまりの美《うつく》しさに日本《にっぽん》の遣唐使《けんとうし》たちが顔《かお》を写《うつ》し取《と》り、参考《さんこう》にしたと伝《つた》えられている。

暴君・悪女

呂后《りょこう》

ライバルの女性《じょせい》の四肢《しし》を切断《せつだん》し「人豚《ひとぶた》」にした

恐怖度
★★★★★
悲哀度
★★
歴史影響度
★★★★

「呂后《りょこう》」は、紀元前《きげんぜん》202年《ねん》に設立《せつりつ》された、漢王朝《かんおうちょう》の初代皇帝《しょだいこうてい》・劉邦《りゅうほう》の皇后《こうごう》だ。

呂后《りょこう》は、まだ何者《なにもの》でもなかった頃《ころ》の劉《りゅう》邦《ほう》を支《ささ》え続《つづ》けてきた「良妻《りょうさい》」だが、歴史《れきし》的《てき》には「中国三大悪女《ちゅうごくさんだいあくじょ》」として有名《ゆうめい》だ。

ちなみに残《のこ》りの2人は、先《さき》に紹介《しょうかい》した武則天《ぶそくてん》（則天武后《そくてんぶこう》）、そして「清《しん》」という時代《じだい》を生《い》きた西太后《せいたいごう》である。

さて、呂后《りょこう》が悪女《あくじょ》としての本性《ほんしょう》をむき出《だ》しにするのは、劉邦《りゅうほう》が亡《な》くなってから。抱《かか》え込《こ》んできた怨念《おんねん》が爆発《ばくはつ》したのだといわれている。

息子《むすこ》のライバルを排除《はいじょ》

実《じつ》は劉邦《りゅうほう》は、「女好《おんなず》き」で、女性《じょせい》に大《たい》変《へん》だらしなかった。皇帝《こうてい》になるやいなや、気《き》に入《い》った女性《じょせい》を次々《つぎつぎ》に側室《そくしつ》に迎《むか》え入《い》れ、8人《にん》も男児《だんじ》がいたという。

呂后《りょこう》にも男《おとこ》の子《こ》がいたが病弱《びょうじゃく》だった。そこで、劉邦《りゅうほう》が亡《な》くなるやいなや、ライバルになる皇子《おうじ》を次々《つぎつぎ》に殺《ころ》した。さらに側室《そくしつ》たちも排除《はいじょ》していった。

特《とく》に、惨《むご》たらしい「死《し》」を見舞《みま》ったのは、劉邦《りゅうほう》のお気《き》に入《い》りで、バツグンの美《び》貌《ぼう》をほこる「戚夫人《せきふじん》」だ。

戚夫人《せきふじん》を寵愛《ちょうあい》していた劉邦《りゅうほう》は、生前《せいぜん》、彼女《かのじょ》の息子《むすこ》趙王《ちょうおう》を、

「自分《じぶん》の後継者《こうけいしゃ》にしたい」

と語《かた》っていた。

そこで呂后《りょこう》はまず、この息子《むすこ》を毒殺《どくさつ》。その様子《ようす》を、戚夫人《せきふじん》に語《かた》って聞《き》かせた。

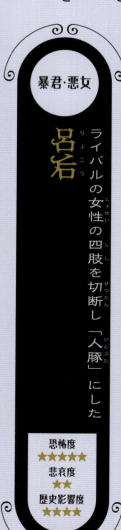

そしてショックを受《う》ける戚夫人《せきふじん》をとらえ、まずは牢獄《ろうごく》に閉《と》じ込めた。

嫉妬《しっと》が生《う》んだ「人豚《ひとぶた》」

さらに戚夫人《せきふじん》の頭《あたま》を丸刈《まるが》りにして額《ひたい》に焼印《やきいん》をし、裸《はだか》にして手足《てあし》を切《き》り落《お》とした。眼球《がんきゅう》をえぐり、薬《くすり》で口《くち》が聞けないようにした。耳《みみ》には酸《さん》を流《なが》し込《こ》み、鼓膜《こまく》を焼《や》いた。

それでも戚夫人《せきふじん》は生《い》きていた。呂后《りょこう》があえて生《い》かしておいたといってもいい。恐怖《きょうふ》にのたうち回《まわ》る、戚夫人《せきふじん》の姿《すがた》を見《み》た呂后《りょこう》はせせら笑《わら》い、便所《べんじょ》に投《な》げ込《こ》んだ。昔《むかし》の中国《ちゅうごく》のトイレは、便所《べんじょ》の下《した》に豚《ぶた》が飼《か》われていた。

豚《ぶた》たちは、上《うえ》から落《お》ちてくる人間《にんげん》の排《はい》泄物《せつぶつ》をエサにしていたのだ。

そのため呂后《りょこう》は、便所《べんじょ》に入《い》れた、変《か》わり果《は》てた戚夫人《せきふじん》の様子《ようす》を「人豚《ひとぶた》」と呼《よ》び、見世物《みせもの》にしたという。

やりすぎた代償《だいしょう》

呂后《りょこう》はこの「人豚《ひとぶた》」を、自分《じぶん》の息子《むすこ》にもうれしそうに見《み》せた。

しかし、そんな母《はは》の姿《すがた》を見《み》た息子《むすこ》は、ショックのあまりに寝込《ねこ》み、23歳《さい》の若《わか》さで亡《な》くなってしまう。恐《おそ》らく、想像《そうぞう》を絶《ぜっ》する、すさまじさだったのだろう。

その後《ご》呂后《りょこう》は、仮《かり》の皇帝《こうてい》を擁立《ようりつ》して、女帝《じょてい》として君臨《くんりん》。自分《じぶん》の一族《いちぞく》を重用《ちょうよう》する。

しかし、呂后《りょこう》が亡《な》くなると2か月後《げつご》には呂一族《りょいちぞく》はクーデターによって撲滅《ぼくめつ》されたという。

それほどまでに、呂后《りょこう》のやってきたことが、周囲《しゅうい》に反感《はんかん》と恐怖《きょうふ》をもたらしたということなのだろう。

凶悪犯罪・事件

殺《ころ》した女性《じょせい》の頭部《とうぶ》の隠《かく》し場所《ばしょ》は……

ネコのぬいぐるみ殺人事件《さつじんじけん》

恐怖度 ★★★★
悲哀度 ★★★★★
歴史影響度 ★

1999年《ねん》、香港《ほんこん》のナイトクラブ（夜《よる》、アルコールなどを飲《の》みながらお客《きゃく》の相手《あいて》をする場所《ばしょ》）で働《はたら》いていた女性《じょせい》の変死体《へんしたい》が見《み》つかった。

事件《じけん》は日本《にっぽん》の有名《ゆうめい》なネコのキャラクターの名前《なまえ》を使《つか》い、「○○殺人事件《さつじんじけん》」と名付《なづ》けられ、中国国内《ちゅうごくこくない》を震撼《しんかん》させた。というのも、死体《したい》の発見《はっけん》のされ方《かた》が異様《いよう》だったのだ。

では、どんな事件《じけん》だったのか。

不幸《ふこう》な最期《さいご》

被害者《ひがいしゃ》の女性《じょせい》は23歳《さい》。祖母《そぼ》の医薬費《いやくひ》に困《こま》り、とあるナイトクラブのスタッフに多額《たがく》のお金《かね》を借《か》りた。その返済《へんさい》のためにナイトクラブで働《はたら》いていたという。

そんなある日《ひ》、女性《じょせい》は妊娠《にんしん》をし、働《はたら》けなくなってしまう。すると、ナイトクラブのスタッフたちの態度《たいど》が豹変《ひょうへん》した。

「お金《かね》を返《かえ》せないなら、どうなるか分《わ》かってるんだろうな」

と、3人《にん》の男性《だんせい》たちが、女性《じょせい》をアパートに監禁《かんきん》。1か月《げつ》にも渡《わた》って拷問《ごうもん》をし、ついに殺《ころ》してしまった。

焦《あせ》った男性《だんせい》たちは、女性《じょせい》の死体《したい》をバラバラにし、しっかりと血《ち》を抜《ぬ》いてビニール袋《ぶくろ》に詰《つ》めた。

そこで困《こま》ったのが、頭部《とうぶ》の処理《しょり》だ。手《て》足《あし》や胴体《どうたい》は、ゴミとして処理《しょり》されやすい。しかし、頭部《とうぶ》はどうしても目立《めだ》つ。

そこで、頭部《とうぶ》は煮《に》て、部屋《へや》に転《ころ》がっていたネコのキャラクターのぬいぐるみに詰《つ》め、縫《ぬ》い合《あ》わせた。

男性《だんせい》たちは全《すべ》てを終《お》えると部屋《へや》に鍵《かぎ》をかけ、逃亡《とうぼう》した。

告発《こくはつ》したのは、女性《じょせい》の幽霊《ゆうれい》!?

その後《あと》、事件《じけん》は意外《いがい》な展開《てんかい》を見《み》せる。事件《じけん》から2か月《げつ》ほど経《た》った頃《ころ》、13歳《さい》の少女《しょうじょ》が、

「幽霊《ゆうれい》の夢《ゆめ》を毎日見《まいにちみ》るの」

と、児童養護施設《じどうようごしせつ》の職員《しょくいん》に相談《そうだん》を持《も》ちかけたのだ。

「夢《ゆめ》の中《なか》で私《わたし》は知《し》ってるアパートの一室《いっしつ》にいて、女《おんな》の幽霊《ゆうれい》が『私《わたし》は殺《ころ》された』、『私《わたし》の死体《したい》はここにある』って語《かた》りかけてくるの。毎日《まいにち》よ！」

と。実《じつ》はこの少女《しょうじょ》は、死《し》んだ女性《じょせい》をバラバラにした男性《だんせい》（19歳《さい》）と、交際《こうさい》をしていた。

少女《しょうじょ》は警察《けいさつ》に連《つ》れて行《い》かれ、夢《ゆめ》の内容《ないよう》を根掘《ねほ》り葉掘《はほ》り聞《き》かれた。

少女《しょうじょ》の証言《しょうげん》と照《て》らし合《あ》わせながら、そ

のアパートに入《はい》った警察《けいさつ》らは、あまりの異臭《いしゅう》にむせこんだという。

そして、部屋《へや》に転《ころ》がっていたぬいぐるみに気付《きづ》き、その中《なか》に人間《にんげん》の頭部《とうぶ》を発見《はっけん》したのだ。

犯人《はんにん》たちはすぐに逮捕《たいほ》された。

そして死刑制度《しけいせいど》がない香港《ほんこん》では一番重《いちばんおも》い罪《つみ》、終身刑《しゅうしんけい》が宣告《せんこく》された。

ちなみに、この事件《じけん》は、日本《にっぽん》では「検《けん》索《さく》してはいけない言葉《ことば》」として、有名《ゆうめい》だという。なぜか。

それは検索《けんさく》をすると、実際《じっさい》に女性《じょせい》の頭《とう》部《ぶ》が詰《つ》め込まれていたぬいぐるみの写真《しゃしん》が表示《ひょうじ》されるからだという。

シリアルキラー

張永明《ちょうえいめい》

時《とき》に食《た》べ、時《とき》に売《う》った、中国《ちゅうごく》の食人魔《しょくじんま》

恐怖度 ★★★★
悲哀度 ★
歴史影響度 ★

現代《げんだい》においても、「人《ひと》を殺《ころ》して食《た》べた」という、殺人鬼《さつじんき》は、世界各地《せかいかくち》でしばしば出現《しゅつげん》する。

ただ2012年《ねん》に中国《ちゅうごく》・雲南省《うんなんしょう》で逮捕《たいほ》された、張永明《ちょうえいめい》が関与《かんよ》した事件《じけん》は、群《ぐん》を抜《ぬ》いて恐《おそ》ろしいといえるかもしれない。

不可解《ふかかい》な行方不明事件《ゆくえふめいじけん》

雲南省《うんなんしょう》の昆明市《こんめいし》では、2000年《ねん》ごろから行方不明者《ゆくえふめいしゃ》の増加《ぞうか》が問題《もんだい》になっていた。いずれも男性《だんせい》ばかりで、被害者《ひがいしゃ》は20人《にん》にものぼっていた。

しかしそんな状況《じょうきょう》でも警察《けいさつ》は、「どこかの工場《こうじょう》で、住《す》み込《こ》みの強制労働《きょうせいろうどう》でもしているのだろう」と、重《おも》く受《う》け止《と》めていなかったようだ。

しかし、殺人事件《さつじんじけん》の容疑者《ようぎしゃ》として張《ちょう》を捜査《そうさ》したところ、恐《おそ》ろしすぎる真相《しんそう》が明《あか》るみになった。

張《ちょう》の家《いえ》に入《はい》ると、梁《はり》の下《した》に人間《にんげん》の太《ふと》ももがいくつもぶら下《さ》がっていたのだ。

部屋《へや》の中《なか》からは数十個《すうじっこ》の人間《にんげん》の眼球《がんきゅう》が漬《つ》けこまれた瓶《びん》、サイズの異《こと》なる男性《だんせい》の靴《くつ》が50足以上《そくいじょう》も見《み》つかった。

さらに敷地内《しきちない》を掘《ほ》ると、複数《ふくすう》の人骨《じんこつ》が発見《はっけん》されたという。

食《た》べて、売《う》った

結果《けっか》、起訴《きそ》されただけでも11人《にん》が張《ちょう》に殺害《さつがい》されたことが分《わ》かった。

そして、それらの死体《したい》を犬《いぬ》のエサにしたり、調理《ちょうり》して食《た》べていたりしたことも。

それだけではない。一部《いちぶ》のメディアによると、「ダチョウの肉《にく》」として、市場《しじょう》で売《う》られていたともいうのだ。

つまり、何《なに》も知《し》らず人肉《じんにく》を口《くち》にしていた人《ひと》が存在《そんざい》するかもしれない、というわけだ。

と、分《わ》かっていることはここまでだ。

というのも何故《なぜ》か中国《ちゅうごく》のSNSでは、張《ちょう》の名前《なまえ》や「人肉食《じんにくしょく》」というキーワードの検索《けんさく》が制限《せいげん》されているからだ。

実際《じっさい》は、さらに多《おお》くの被害者《ひがいしゃ》がいた可能性《かのうせい》は高《たか》い。見《み》つかった人骨《じんこつ》の数《かず》からすると、20~50人《にん》は犠牲《ぎせい》となったともささやかれている。

しかし2013年《ねん》、昆明市《こんめいし》で張《ちょう》の死刑《しけい》が執行《しっこう》され、ことの真相《しんそう》は藪《やぶ》の中《なか》となってしまった。

古代文明・儀式

中国北部《ちゅうごくほくぶ》に伝《つた》わる、恐怖《きょうふ》の風習《ふうしゅう》

死者同士《ししゃどうし》の結婚《けっこん》、「陰婚《いんこん》」

恐怖度 ★★★★
悲哀度 ★★★★★
歴史影響度 ★

東《ひがし》アジアや東南《とうなん》アジアには、古《ふる》くから「死後結婚《しごけっこん》」「冥婚《めいこん》」「陰婚《いんこん》」と呼《よ》ばれる風習《ふうしゅう》がある。

日本《にっぽん》でも、山形県東南部《やまがたけんとうなんぶ》に江戸時代《えどじだい》から「ムサカリ絵馬《えま》」という死後婚《しごこん》の風習《ふうしゅう》が存在《そんざい》する。

結婚《けっこん》をしないまま亡《な》くなった子《こ》がかわいそうだからと、その子《こ》の結婚式《けっこんしき》の様子《ようす》を絵馬《えま》に描《えが》き、奉納《ほうのう》するというものだ。

中国《ちゅうごく》では三千年《さんぜんねん》も前《まえ》からこのような習慣《しゅうかん》を「陰婚《いんこん》」と呼《よ》び、行《おこな》ってきた。そして今《いま》なお、中国北部《ちゅうごくほくぶ》の農村部《のうそんぶ》では根強《ねづよ》く残《のこ》っている。

いや、今《いま》この時代《じだい》になって、「強《つよ》まっている」と言《い》ってもいいかもしれない。

死人《しにん》のために、殺《ころ》す

2013年《ねん》、中国陝西省《ちゅうごくせんせいしょう》で、女性《じょせい》の死体《したい》を墓《はか》から盗《ぬす》み、違法《いほう》に販売《はんばい》していたグループがつかまった。

盗《ぬす》まれた遺体《いたい》はキレイに洗《あら》われ、偽造《ぎぞう》した病院《びょういん》の死亡記録《しぼうきろく》まで用意《ようい》されていたという。

2016年《ねん》には中国甘粛省《ちゅうごくかんしゅくしょう》で、40代《だい》と60代《だい》の女性《じょせい》が「陰婚《いんこん》」目的《もくてき》でだまされ、殺害《さつがい》される事件《じけん》が起《お》きている。

ちなみに「死者《ししゃ》の花嫁《はなよめ》」としての40代《だい》の女性《じょせい》の遺体《いたい》は、4万《まん》200元《げん》（約《やく》60万《まん》円《えん》）で売《う》れたそうだ。

60代《だい》の女性《じょせい》は、2年前《ねんまえ》に交通事故死《こうつうじこし》した犯人《はんにん》の弟《おとうと》の「陰婚《いんこん》」の相手《あいて》にされる予定《よてい》だったという。

残酷《ざんこく》すぎる「しきたり」

実《じつ》は、中国北部《ちゅうごくほくぶ》ではこうした女性《じょせい》の遺体《いたい》の取引《とりひき》が活発化《かっぱつか》している。

中国《ちゅうごく》の農村部《のうそんぶ》には今《いま》でも、

「独身《どくしん》のまま亡《な》くなると、先祖《せんぞ》の墓《はか》に入《い》れてもらえない」

というしきたりがあるからだ。

そのため独身者《どくしんしゃ》が亡《な》くなると、男女《だんじょ》を問《と》わず家《いえ》の近所《きんじょ》にポツンとお墓《はか》が建《た》てられることになる。

つまり、一族《いちぞく》の墓《はか》に入《はい》りたければ、一《いっ》緒《しょ》に墓《はか》に入《はい》ってくれるパートナーの死体《したい》が不可欠《ふかけつ》なのだ。

では、なぜ女性《じょせい》の死体《したい》が珍重《ちんちょう》されるのか。それは、2015年《ねん》まで中国《ちゅうごく》で行《おこな》われていた一人《ひとり》っ子政策《こせいさく》（人口増加《じんこうぞうか》を抑《おさ》えるため、原則《げんそく》一組《ひとくみ》の夫婦《ふうふ》につき子《こ》どもは一人《ひとり》とした政策《せいさく》）が起因《きいん》している。

当時《とうじ》、特《とく》に農村部《のうそんぶ》では男児《だんじ》を望《のぞ》む傾向《けいこう》が強《つよ》かったため、いまでも農村《のうそん》では男性《だんせい》が圧倒的《あっとうてき》に多《おお》い。

そのため今《いま》や冥婚《めいこん》の花嫁《はなよめ》を見《み》つけることは、実際《じっさい》に結婚《けっこん》することよりも難《むずか》しいといわれている。

「死体《したい》」の争奪戦《そうだつせん》

もちろん人気《にんき》があるのは、亡《な》くなったばかりの遺体《いたい》だ。ちなみに遺体《いたい》の値段《ねだん》は、年齢《ねんれい》、容貌《ようぼう》、家庭環境《かていかんきょう》などに左右《さゆう》される。

また、キレイな状態《じょうたい》が望《のぞ》ましいとされるため、事故死《じこし》に比《くら》べ病死《びょうし》のほうが高《たか》く取《と》引《ひき》される。

中《なか》には、

「死《し》にそうな女性患者《じょせいかんじゃ》がいる」

という情報《じょうほう》を流《なが》す病院《びょういん》もあり、息子《むすこ》を亡《な》くした家族《かぞく》は我先《われさき》にと病院《びょういん》へと向《む》かう。

そして、女性《じょせい》が生《い》きているうちからセリを始《はじ》めるのだそうだ。

死者《ししゃ》たちの結婚《けっこん》

さて、こうしてやってきた「花嫁《はなよめ》」の遺体《いたい》だが、すでに息子《むすこ》の遺体《いたい》が死後数年《しごすうねん》経《た》っていることも少《すく》なくない。

そのため、「冥婚《めいこん》」をあげるためにわざわざ墓《はか》から遺体《いたい》を掘《ほ》り起《お》こす。そして、遺体《いたい》の骨《ほね》の間《あいだ》に米《こめ》や小麦《こむぎ》を詰《つ》め、顔《かお》には似顔絵《にがおえ》を貼《は》り付《つ》け、盛大《せいだい》に披露宴《ひろうえん》を行《おこな》うのだそうだ。

こうして「冥婚《めいこん》」が叶《かな》っても、別《べつ》の心《しん》配《ぱい》が出《で》てくる。「盗掘《とうくつ》」だ。

冥婚《めいこん》が盛《さか》んな地域《ちいき》では墓荒《はかあ》らしは日常《にちじょう》茶飯事《さはんじ》だ。

若《わか》い娘《むすめ》の墓《はか》はもちろん、山西省《さんせいしょう》に暮《く》らすある男性《だんせい》は、墓《はか》から母親《ははおや》の遺骨《いこつ》を盗《ぬす》まれた。

彼《かれ》は仕方《しかた》なく、母親《ははおや》を模《も》したカカシを作《つく》り、父《ちち》の墓《はか》に埋《う》めたという。

幼《おさな》い子《こ》もえじきに

幼《おさな》い子《こ》であっても同様《どうよう》だ。

昔《むかし》は、幼《おさな》くして亡《な》くなった子《こ》の遺体《いたい》は、山《やま》や川《かわ》に捨《す》てるという風習《ふうしゅう》があった。

しかし、「あまりに、かわいそうだ」と、現在《げんざい》は幼《おさな》くして冥婚《めいこん》を挙《あ》げ、先祖《せんぞ》の墓《はか》に入《い》れてあげたいという親《おや》が急増《きゅうぞう》しているという。

そのため子《こ》どもの遺体《いたい》を求《もと》める人《ひと》もある地域《ちいき》では増《ふ》えているのだそうだ。

もちろん法律上《ほうりつじょう》、遺体《いたい》の売買《ばいばい》は禁止《きんし》されている。だが、現在《げんざい》もどこかで、死者《ししゃ》たちが華《はな》やかな結婚式《けっこんしき》を行《おこな》っているのかもしれない。

モンゴル

モンゴルといえば、かつてユーラシア大陸《たいりく》の大半《たいはん》を
一気《いっき》に制《せい》した「モンゴル帝国《ていこく》」の存在《そんざい》は、
避《さ》けて通《とお》れないだろう。
しかしそこには、暴虐《ぼうぎゃく》な所業《しょぎょう》も多《おお》くあったようだ。

暴君・悪女

冒頓単于《ぼくとつぜんう》

非情《ひじょう》といわれた匈奴《きょうど》のリーダー

恐怖度 ★★★
悲哀度 ★★★
歴史影響度 ★★★★★

モンゴルといえば、広大《こうだい》な平原《へいげん》を移動《いどう》する遊牧民《ゆうぼくみん》の姿《すがた》を思《おも》い浮《う》かべる人《ひと》は、多《おお》いのではないだろうか。

遊牧民《ゆうぼくみん》とは馬《うま》や羊《ひつじ》、牛《うし》を飼育《しいく》しながら、快適《かいてき》な土地《とち》を求《もと》め、移動《いどう》しながら暮《く》らす人々《ひとびと》を指《さ》す。

今《いま》では距離《きょり》を保《たも》ちながらおだやかな生活《せいかつ》を営《いとな》んでいるようだが、古代《こだい》は部族同士《ぶぞくどうし》でぶつかることも多《おお》かった。

そんな遊牧民《ゆうぼくみん》の歴史《れきし》は古《ふる》いが、最《もっと》も周辺国《しゅうへんこく》をふるえあがらせたのが、紀元前《きげんぜん》3世紀《せいき》から1世紀《せいき》にかけてモンゴル高原《こうげん》に存在《そんざい》した「匈奴《きょうど》」だ。

匈奴《きょうど》の人々《ひとびと》は馬《うま》を自在《じざい》にあやつる突出《とっしゅつ》した戦闘力《せんとうりょく》・機動力《きどうりょく》を持《も》ち、時《とき》に秦《しん》や漢《かん》(昔《むかし》の中国《ちゅうごく》)に攻《せ》め入《い》ることもあった。

秦《しん》の始皇帝《しこうてい》による「万里《ばんり》の長城《ちょうじょう》」は、匈奴《きょうど》たちの侵入《しんにゅう》を防《ふせ》ぐために作《つく》らせたものだ。

そんな匈奴《きょうど》の領土《りょうど》を広《ひろ》げ、「匈奴帝国《きょうどていこく》」と呼《よ》ばれるほど、しっかりとした体《たい》

制《せい》に整《ととの》えた人物《じんぶつ》がいる。

「冒頓単于《ぼくとつぜんう》」がその人《ひと》だ。

冒頓《ぼくとつ》は混迷《こんめい》していた内外《ないがい》モンゴルをまとめ、漢《かん》（中国《ちゅうごく》）と和親《わしん》を結《むす》び、タリム盆地《ぼんち》にまで勢力《せいりょく》を延《の》ばして大帝国《だいていこく》を建設《けんせつ》したと言《い》われる。

ただ、そんな冒頓《ぼくとつ》には、こんな恐《おそ》ろしいエピソードがある。

次《つぎ》のリーダーのはずが…

冒頓《ぼくとつ》は、匈奴《きょうど》の君主《くんしゅ》、「頭曼単于《とうまんぜんう》」の長男《ちょうなん》として生《う》まれた。

幼《おさな》い頃《ころ》から頭《あたま》がよく、武芸《ぶげい》にも優《すぐ》れていたため、将来《しょうらい》は立派《りっぱ》なリーダーになると期待《きたい》されていた。

しかし父《ちち》、頭曼《とうまん》の後妻《ごさい》が男《おとこ》の子《こ》を出産《しゅっさん》すると、流《なが》れが変《か》わった。

頭曼《とうまん》はお気《き》に入《い》りの後妻《ごさい》の子《こ》どもを、自分《じぶん》の跡継《あとつ》ぎにしたいと考《かんが》えるようになったのだ。

とはいえ冒頓《ぼくとつ》は他《ほか》の子《こ》に比《くら》べ、明《あき》らかに全《すべ》てにおいて優《すぐ》れていたため、周囲《しゅうい》から大変《たいへん》かわいがられていた。

そこで頭曼《とうまん》は、理由《りゆう》をつけて冒頓《ぼくとつ》を西《せい》方《ほう》の騎馬民族《きばみんぞく》・月氏《げっし》の人質《ひとじち》に追《お》いやった。

そして、頃合《ころあ》いを見計《みはか》らって、

「我《わ》が後継《あとつ》ぎである冒頓《ぼくとつ》を奴隷《どれい》のように扱《あつか》っているそうじゃないか」

と月氏《げっし》に言《い》いがかりをつけ、突然《とつぜん》攻《せ》め入《い》った。そうなると冒頓《ぼくとつ》の命《いのち》が危《あぶ》ない。

実《じつ》はこれは、月氏《げっし》の手《て》で人質《ひとじち》・冒頓《ぼくとつ》を殺《ころ》させるための策略《さくりゃく》だったのだ。

しかし冒頓《ぼくとつ》は、月氏《げっし》から馬《うま》を奪《うば》うと包《ほう》囲網《いもう》を突破《とっぱ》し、匈奴《きょうど》へ帰《かえ》ってきた。

匈奴《きょうど》での冒頓《ぼくとつ》の人気《にんき》はますます高《たか》まった。仕方《しかた》なく頭曼《とうまん》は、

「お前《まえ》のためにと思《おも》ってしたことが、か

えってお前《まえ》を危険《きけん》な目《め》に合《あ》わせてしまった」

と冒頓《ぼくとつ》にあやまったが、冒頓《ぼくとつ》は復讐《ふくしゅう》を胸《むね》に誓《ちか》っていた。

生《う》まれた殺意《さつい》

ある時《とき》冒頓《ぼくとつ》は狩《か》りに出《で》る前《まえ》に、家臣《かしん》たちにこんな命令《めいれい》を出《だ》した。

「これから私《わたし》が矢《や》で射《う》ったものは、全員《ぜんいん》、必《かなら》ずそれに矢《や》を放《はな》て。もし、矢《や》を放《はな》たない者《もの》がいたら、その場《ば》で殺《ころ》す」

家臣《かしん》たちは冒頓《ぼくとつ》の発言《はつげん》に疑問《ぎもん》を感《かん》じながらも、それに従《したが》うことにした。

狩《か》りの最中《さいちゅう》、一頭《いっとう》のシカが現《あらわ》れた。冒頓《ぼくとつ》は真《ま》っ先《さき》にシカに矢《や》を放《はな》った。家臣《かしん》たちも続《つづ》けてシカに向《む》けて矢《や》を放《はな》ったが、中《なか》には「もう死《し》んでいるだろう」と、弓《ゆみ》を降《お》ろした者《もの》もいた。

そんな家臣《かしん》たちに、冒頓《ぼくとつ》は告《つ》げた。

「私《わたし》が求《もと》めていることは、シカを仕留《しと》めることではない。命令《めいれい》に従《したが》うことだ」

と。そして、弓《ゆみ》を引《ひ》かなった家臣《かしん》たちをその場《ば》で斬《き》り殺《ころ》した。

最後《さいご》に狙《ねら》った獲物《えもの》は……

それからというもの、家臣《かしん》たちは冒頓《ぼくとつ》が矢《や》を放《はな》つと必《かなら》ず、その獲物《えもの》に向《む》かって弓《ゆみ》を射《い》るようになった。

しばらく経《た》ったある日《ひ》、冒頓《ぼくとつ》は「狩《か》りに行《い》く」と家臣《かしん》たちを集《あつ》めると、全員《ぜんいん》の前《まえ》で自分《じぶん》の愛馬《あいば》に弓矢《ゆみや》を放《はな》った。

騎馬民族《きばみんぞく》にとって、馬《うま》は最愛《さいあい》のパートナーともいえる特別《とくべつ》な存在《そんざい》だ。家臣《かしん》たちは息《いき》を飲《の》んだ。

「……まだ生《い》きている。果《は》たして主君《しゅくん》の愛馬《あいば》に矢《や》を放《はな》ってもいいものか」

「矢《や》を放《はな》て」

冒頓《ぼくとつ》の言葉《ことば》に、家臣《かしん》たちは次々《つぎつぎ》に、冒頓《ぼくとつ》の愛馬《あいば》に向《む》かって矢《や》を放《はな》った。

冒頓《ぼくとつ》の命令《めいれい》はどんどんエスカレートしていき、冒頓《ぼくとつ》の妻《つま》や側室《そくしつ》を家臣《かしん》とともに血祭《ちまつ》りにあげるほどまで達《たっ》した。

そうして冒頓《ぼくとつ》はついに真《しん》の目的《もくてき》に着手《ちゃくしゅ》した。父《ちち》、頭曼《とうまん》のもとを訪《おとず》れると、手始《てはじ》めに頭曼《とうまん》の愛馬《あいば》に矢《や》の嵐《あらし》を降《ふ》らせた。

そして、静《しず》かに頭曼《とうまん》の元《もと》へ向《む》かった。

「冒頓《ぼくとつ》、血迷《ちまよ》うたか！」

父《ちち》の問《と》いかけに冒頓《ぼくとつ》は口《くち》を開《ひら》かず、ただ矢《や》を放《はな》った。家臣《かしん》たちも一斉《いっせい》に矢《や》を放《はな》った。頭曼《とうまん》は全身《ぜんしん》に矢《や》を突《つ》き立《た》てられて息絶《いきた》えた。続《つづ》けて冒頓《ぼくとつ》は後妻《ごさい》や異母弟《いぼてい》らを粛清《しゅくせい》し、王《おう》に即位《そくい》したという。

暴君・悪女

史上最大《しじょうさいだい》の帝国《ていこく》を築《きず》き上《あ》げた
チンギス・カン

恐怖度 ★★★★★
悲哀度 ★★★
歴史影響度 ★★★★★

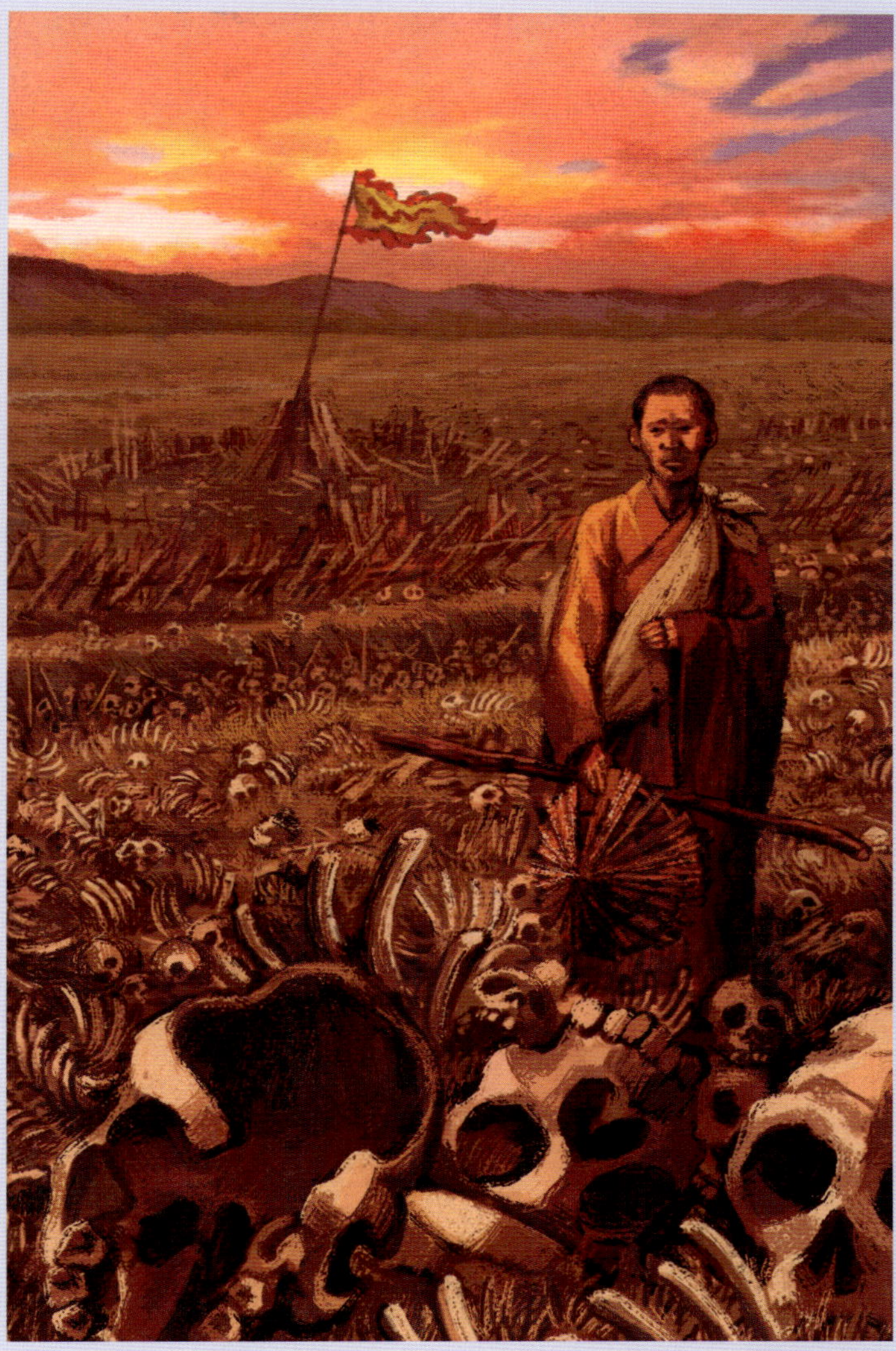

13世紀初《せいきはじ》めにモンゴルで興《おこ》った「モンゴル帝国《ていこく》」は、世界最大《せかいさいだい》で、最強《さいきょう》の遊牧《ゆうぼく》民族《みんぞく》だったといえるだろう。

東《ひがし》アジア、東南《とうなん》アジア、中央《ちゅうおう》アジアのみならず、ヨーロッパやロシアにも攻《せ》め入《い》り、最盛期《さいせいき》は世界《せかい》の陸地《りくち》の約《やく》17パーセントも面積《めんせき》を支配《しはい》するほどだった。

この巨大帝国《きょだいていこく》を打《う》ち立《た》てたのが「チンギス・カン」だ。

彼《かれ》が興《おこ》したモンゴル帝国《ていこく》が中世《ちゅうせい》のユーラシア大陸《たいりく》を震《ふる》え上《あ》がらせたのは、なんといってもその残酷《ざんこく》さにある。

殺戮《さつりく》につぐ、殺戮《さつりく》

チンギス・カンは、全《ぜん》モンゴルなど周辺地域《しゅうへんちいき》を統一《とういつ》すると、「金《きん》」（中国《ちゅうごく》の東北部《とうほくぶ》）へ侵入《しんにゅう》した。

金《きん》はモンゴル軍《ぐん》を7万《まん》もの大軍団《だいぐんだん》で迎《むか》えたが、モンゴル軍《ぐん》にわずか数時間《すうじかん》で蹴散《けち》らされたという。

この戦《たたか》いは壮絶《そうぜつ》をきわめ、数年後《すうねんご》に訪《おとず》れた旅《たび》の僧《そう》は、人骨《じんこつ》で埋《う》め尽《つ》くされた平原《へいげん》を見《み》て絶句《ぜっく》したと伝《つた》えられている。

中央《ちゅうおう》アジアのホラズム（ウズベキスタンとトルクメニスタンの辺《あた》り）や、西夏《せいか》（中国《ちゅうごく》の西北部《せいほくぶ》）もチンギス・カンのモンゴル軍《ぐん》に滅《ほろ》ぼされている。

特《とく》にホラズムのブハラ（今《いま》のウズベキスタン）やサマルカンド（今《いま》のウズベキスタン）での戦《たたか》いでの残虐《ざんぎゃく》さは周辺国《しゅうへんこく》をふるえあがらせた。

ブハラの街《まち》は略奪《りゃくだつ》と放火《ほうか》にさらされ、残《のこ》った人々《ひとびと》はことごとく殺《ころ》された。

サマルカンドでも兵士《へいし》たちは虐殺《ぎゃくさつ》され、70万人《まんにん》いたとされる住民《じゅうみん》たちは、工芸職《こうげいしょく》人《にん》をのぞき、老若男女《ろうにゃくなんにょ》問《と》わず皆殺《みなごろ》しにされた。

これらの一報《いっぽう》を受《う》けたバルフ（アフガニスタン）の人々《ひとびと》は、すぐに降伏《こうふく》した。

しかし、周《まわ》りの町々《まちまち》への見《み》せしめのために、城壁《じょうへき》の外《そと》に住民《じゅうみん》はもちろん、犬猫《いぬねこ》にいたるまで80万《まん》にも及《およ》ぶ全住民《ぜんじゅうみん》が集《あつ》められ、虐殺《ぎゃくさつ》された。

このとき、数《かず》を記録《きろく》するために遺体《いたい》から片耳《かたみみ》が切《き》り落《お》とされた。

残《のこ》された遺体《いたい》は、男性《だんせい》、女性《じょせい》、子《こ》どもの3種類《しゅるい》に分《わ》けて積《つ》み上《あ》げられ、うず高《たか》いピラミッドができたという。

さらにモンゴル軍《ぐん》はバルフの街《まち》からめぼしいものを奪《うば》い取《と》ると火《ひ》を放《はな》った。壮《そう》麗《れい》なモスクや宮殿《きゅうでん》もまたたく間《ま》に燃《も》やされ、一晩《ひとばん》で廃虚《はいきょ》になったという。

残酷《ざんこく》すぎる素顔《すがお》

さて、チンギス・カンにはこんな逸話《いつわ》がある。

チンギス・カンは晩年《ばんねん》、将軍《しょうぐん》たちを集《あつ》めた宴会《えんかい》で、こんなことを聞《き》いた。

「お前《まえ》たちにとって、人生最大《じんせいさいだい》の幸《しあわ》せは何《なん》だ？」

ある将軍《しょうぐん》は、こう答《こた》えた。

「家族《かぞく》に囲《かこ》まれ、草原《そうげん》でのんびり遊牧《ゆうぼく》をすることです」

するとチンギス・カンは、

「それは違《ちが》う。敵《てき》を皆殺《みなごろ》しにし、彼《かれ》らの馬《うま》や美《うつく》しい妻《つま》、娘《むすめ》を我《わ》がものにし、泣《な》き叫《さけ》び、悲《かな》しむ姿《すがた》を見《み》ながら財宝《ざいほう》を目《め》の前《まえ》に積《つ》み上《あ》げることこそ、人生最大《じんせいさいだい》の幸福《こうふく》だろう」

と語《かた》ったという。

モンゴル帝国《ていこく》の功罪《こうざい》

ところで、モンゴル帝国《ていこく》がユーラシア大陸《たいりく》にもたらしたのは恐怖《きょうふ》だけではなく、良《よ》い一面《いちめん》もあった。

交易《こうえき》の自由化《じゆうか》だ。

モンゴル帝国《ていこく》ができる以前《いぜん》から、ユーラシア大陸《たいりく》には中国《ちゅうごく》、中央《ちゅうおう》アジア、西《にし》アジア、ヨーロッパを結《むす》ぶ「シルクロー

ド」と呼《よ》ばれる通商路《つうしょうろ》が存在《そんざい》していた。

しかし、道中《どうちゅう》はいくつもの小国《しょうこく》や部族《ぶぞく》が存在《そんざい》したため、商人《しょうにん》にとって危険《きけん》な場《ば》所《しょ》が多《おお》かった。

こうした場所《ばしょ》が、モンゴル帝国《ていこく》の統治《とうち》によって移動《いどう》がしやすくなり、文化《ぶんか》や経《けい》済活動《ざいかつどう》が発展《はってん》したといわれている。

そのため今《いま》でも、チンギス・カンを「偉大《いだい》な英雄《えいゆう》」と賞賛《しょうさん》する遊牧民《ゆうぼくみん》は少《すく》なくない。

ちなみにチンギス・カン亡《な》き後《あと》、モンゴル軍《ぐん》は2度《ど》に渡《わた》って、日本《にっぽん》にも攻《せ》め込《こ》んできている。「元寇《げんこう》」だ。

モンゴルは当時《とうじ》世界《せかい》最大《さいだい》規模《きぼ》の艦隊《かんたい》を2度《ど》に渡《わた》って、日本《にっぽん》に送《おく》り込《こ》んだ。

幸《さいわ》い、天然《てんねん》の要壁《ようへき》「海《うみ》」によって阻《はば》むことができたが、もし日本列島《にっぽんれっとう》が大陸《たいりく》と地続《じつづ》きだったら、もう少《すこ》し大陸《たいりく》に近《ちか》い場《ば》所《しょ》にあったら……「日本《にっぽん》」は存在《そんざい》しなかったかもしれない。

インド

南《みなみ》アジア随一《ずいいち》の面積《めんせき》と、人口世界一位《じんこうせかいいちい》を誇《ほこ》るインドは、
今《いま》、最《もっと》もエネルギッシュな国《くに》といえるだろう。
一方《いっぽう》で民族《みんぞく》、言語《げんご》、宗教問題《しゅうきょうもんだい》も膨《ふく》らみをみせており、
そこから生《う》まれる「負《ふ》」は、しばしば人《ひと》を恐怖《きょうふ》に陥《おとしい》れる。

暴君・悪女

兄弟《きょうだい》を99人《にん》、家臣《かしん》を500人殺《にんころ》した

アショーカ王《おう》

恐怖度 ★★★★
悲哀度 ★★★
歴史影響度 ★★★★★

古代《こだい》インドで、インド史上最大《しじょうさいだい》の領土《りょうど》を統治《とうち》したアショーカ王《おう》は、仏教《ぶっきょう》を深《ふか》く信仰《しんこう》したことで知《し》られる。

しかし、仏教《ぶっきょう》に帰依《きえ》するまでは実《じつ》は残《ざん》酷《こく》な人柄《ひとがら》だった。

アショーカ王《おう》がマウリヤ朝《ちょう》・第《だい》3代《だい》の王《おう》として即位《そくい》したのは紀元前《きげんぜん》268年《ねん》。祖父《そふ》のチャンドラグプタは、乱世《らんせ》のインド統一《とういつ》の土台《どだい》を築《きず》いた人物《じんぶつ》だ。

アショーカは第《だい》2代王《だいおう》ビンドゥサーラと正妃《せいひ》の息子《むすこ》だったが、父《ちち》から嫌《きら》われていた。こんな話《はなし》がある。

非情《ひじょう》な命令《めいれい》

ビンドゥサーラの治世《ちせい》の頃《ころ》、国内《こくない》で反《はん》乱《らん》が起《お》きた。ビンドゥサーラはアショーカを呼《よ》び出《だ》すと、

「すぐに鎮圧《ちんあつ》に向《む》かえ」

と、命令《めいれい》した。にも関《かか》わらず、軍隊《ぐんたい》や武器《ぶき》を与《あた》えてはくれなかった。

黙《だま》って鎮圧《ちんあつ》に向《む》かおうとするアショーカを、家臣《かしん》のひとりが止《と》めた。

するとアショーカは、

「もし、私《わたし》が王《おう》にふさわしい人物《じんぶつ》だとしたら、軍隊《ぐんたい》も武器《ぶき》も出《で》てくるだろう」

と答《こた》えた。すると神々《かみがみ》が軍隊《ぐんたい》と武器《ぶき》を与《あた》え、なんと反乱《はんらん》をおさめることに成功《せいこう》したという。

兄弟《きょうだい》たちを殺害《さつがい》

こうしてアショーカは成果《せいか》をあげ続《つづ》けたが、ビンドゥサーラはアショーカが気《き》

に入《い》らなかった。

次《つぎ》の王《おう》を決《き》める際《さい》も、わざわざ長男《ちょうなん》のスシーマを指名《しめい》して亡《な》くなった。

「自分《じぶん》は誰《だれ》よりも手柄《てがら》をあげたのに」

自分《じぶん》こそが時期王《じきおう》になると思《おも》い込《こ》んでいたアショーカは、すぐに兄《あに》のスシーマと戦《たたか》い、殺《ころ》した。

さらには他《ほか》の兄弟《きょうだい》たちも次々《つぎつぎ》に手《て》にかけた。アショーカの命令《めいれい》に従《したが》わなかった家臣《かしん》は全《すべ》て処刑《しょけい》した。

この時《とき》、アショーカは異母兄弟《いぼきょうだい》（母親《ははおや》が違《ちが》う兄弟《きょうだい》）を99人《にん》、家臣《かしん》を５００人殺《にんさつ》害《がい》したという。

王《おう》に即位《そくい》してからも、気《き》に入《い》らない人《じん》物《ぶつ》はすぐに処刑《しょけい》した。あまりの横暴《おうぼう》さに人々《ひとびと》から、チャンダ（暴虐《ぼうぎゃく》）・アショーカと呼《よ》ばれるほどだった。

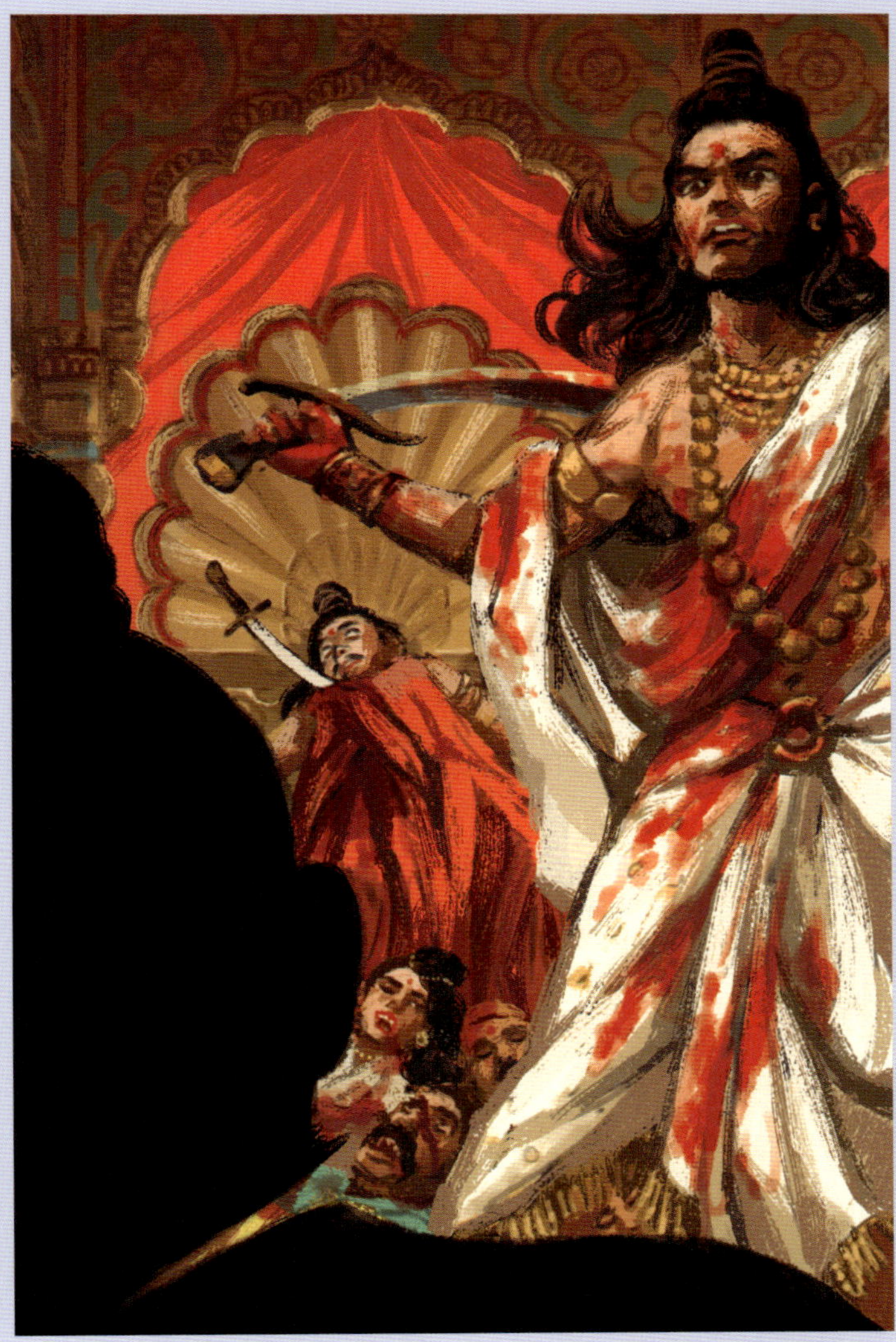

仏教《ぶっきょう》との出会《であ》い

そんなアショーカ王《おう》が、インドの東《ひがし》のカリンガという大国《たいこく》に攻《せ》め入《い》ったときのことだ。

アショーカ軍《ぐん》は戦《たたか》いに大勝《たいしょう》した。

しかし……、戦場《せんじょう》を見渡《みわた》したアショーカは我《われ》に返《かえ》った。

カリンガ国民《こくみん》10万人《まんにん》、自国兵《じこくへい》1万人《まんにん》の死者《ししゃ》を出《だ》す激《はげ》しい戦《たたか》いのために一面《いちめん》が死《し》体《たい》の山《やま》となっていたのだ。川《かわ》の水《みず》も人間《にんげん》の血《ち》で真《ま》っ赤《か》に染《そ》まっていた。

その恐《おそ》ろしい光景《こうけい》を見《み》て、アショーカ王《おう》はこの「カリンガ戦争《せんそう》」を心《こころ》から後悔《こうかい》したという。そして生《い》き残《のこ》った人々《ひとびと》を大《たい》切《せつ》に扱《あつか》うよう命令《めいれい》を出《だ》した。

そうして仏教《ぶっきょう》に出会《であ》い、深《ふか》く帰依《きえ》（信《しん》仰《こう》）するようになり、「ダルマ（仏教《ぶっきょう》における法《ほう》）の政治《せいじ》」を行《おこな》うようになったと伝《つた》えられている。

暴君・悪女

アウラングゼーブ

厳《きび》しい宗教弾圧《しゅうきょうだんあつ》でムガル帝国《ていこく》を滅亡《めつぼう》に導《みちび》いた

恐怖度 ★★★★
悲哀度 ★
歴史影響度 ★★★★

アウラングゼーブは、1658年《ねん》に即《そく》位《い》した、北《きた》インド、ムガル帝国《ていこく》の第《だい》6代《だい》皇帝《こうてい》だ。

ムガル帝国《ていこく》はアウラングゼーブの頃《ころ》に領土《りょうど》を最大《さいだい》にしたものの、厳《きび》しい宗教弾《しゅうきょうだん》圧《あつ》を行《おこな》ったことをきっかけに、帝国《ていこく》を衰《すい》退《たい》させ、崩壊《ほうかい》へと導《みちび》いた。

宗教《しゅうきょう》と自由《じゆう》

インドは昔《むかし》から、「宗教《しゅうきょう》のるつぼ（さまざまなものが混《ま》じり合《あ》っている状《じょう》態《たい》）」と言《い》われるほど、いろんな宗教《しゅうきょう》が信《しん》じられてきた。

ヒンドゥー教《きょう》、仏教《ぶっきょう》、ジャイナ教《きょう》の発《はっ》祥《しょう》の地《ち》で、イスラム教徒《きょうと》やキリスト教徒《きょうと》も少《すく》なくない。

そのために、古《ふる》くから異《こと》なる宗教《しゅうきょう》の間《あいだ》で対立《たいりつ》が起《お》こることも多《おお》かった。

特《とく》にヒンドゥー教徒《きょうと》とイスラム教徒《きょうと》の対立《たいりつ》は激《はげ》しく、900年《ねん》にも渡《わた》る動乱《どうらん》の世《よ》が続《つづ》いていた。ムガル帝国《ていこく》が成立《せいりつ》するまでは。

ムガル帝国《ていこく》が安定《あんてい》した政権《せいけん》を築《きず》けたのは、皇帝《こうてい》が民衆《みんしゅう》に、「信教《しんきょう》の自由《じゆう》」を与《あた》えたからにほかならない。

ムガル帝国《ていこく》の皇帝《こうてい》たちはイスラム教《きょう》を信仰《しんこう》していたが、国民《こくみん》にはイスラム教《きょう》を強制《きょうせい》しなかった。それが功《こう》を奏《そう》し、ムガル帝国《ていこく》は栄《さか》えていった。

神《かみ》は、ひとつ

しかし、第《だい》6代《だい》アウラングゼーブ帝《てい》は違《ちが》った。

自分《じぶん》の頭《あたま》の中《なか》の「ムスリム（イスラム教徒《きょうと》）の理想郷《りそうきょう》」を実現《じつげん》しようと、イスラム教《きょう》以外《いがい》の宗教《しゅうきょう》を信《しん》じる人々《ひとびと》に、重《おも》い税金《ぜいきん》を課《か》した。

さらにヒンドゥー教《きょう》、仏教《ぶっきょう》、キリスト教《きょう》などの寺院《じいん》を破壊《はかい》し始《はじ》めたのだ。

インドは再《ふたた》び混迷《こんめい》した。各地《かくち》で反乱《はんらん》が次々《つぎつぎ》に起《お》こり、ムガル帝国《ていこく》は収拾《しゅうしゅう》がつかない混乱《こんらん》におちいった。

奪《うば》いとった「王《おう》の座《ざ》」

そもそも、アウラングゼーブの即位《そくい》も望《のぞ》まれたものではなかった。

父《ちち》シャー・ジャハーンが病気《びょうき》で倒《たお》れた時《とき》に次《つぎ》の王《おう》に指名《しめい》したのは、長男《ちょうなん》のダーラー・シコーだった。

それを聞《き》きつけたアウラングゼーブは弟《おとうと》と協力《きょうりょく》して、まず父《ちち》を監禁《かんきん》した。

そして長男《ちょうなん》のダーラー・シコーの首《くび》を切《き》り、父王《ふおう》の元《もと》へ送《おく》った。父《ちち》が長男《ちょうなん》の首《くび》の入《はい》った箱《はこ》を開封《かいふう》したのは、晩餐《ばんさん》（夕《ゆう》食《しょく》）の場《ば》だったという。

さらにアウラングゼーブは、父《ちち》に恨《うら》みの手紙《てがみ》を送《おく》り続《つづ》け、宝石《ほうせき》を取《と》り上《あ》げるなど、息《いき》を引《ひ》き取《と》るまでさまざまな嫌《いや》がらせをした。

その後《あと》、協力者《きょうりょくしゃ》だった弟《おとうと》も幽閉《ゆうへい》し、殺《さつ》害《がい》した。

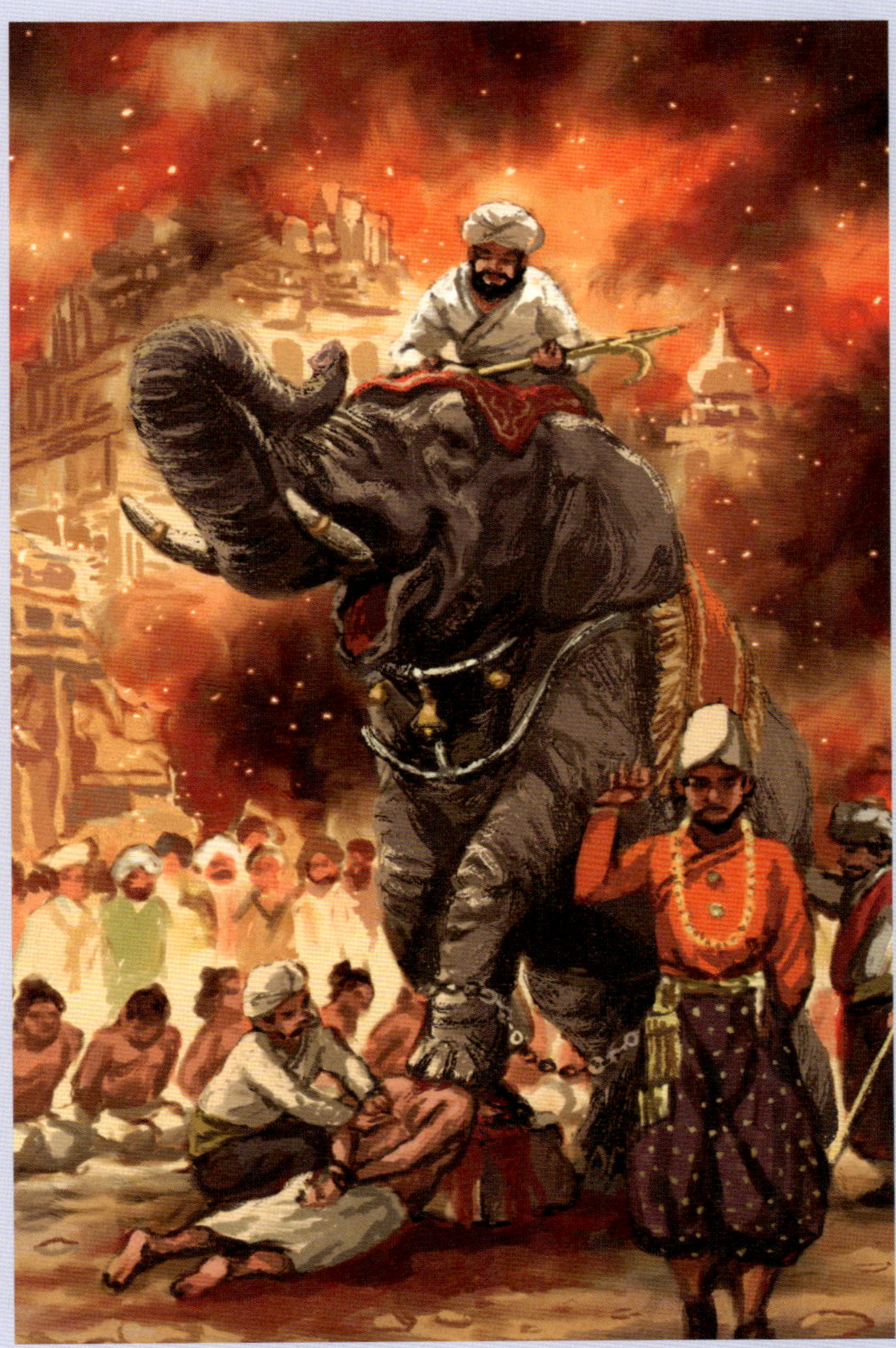

帝国《ていこく》の崩壊《ほうかい》

そこまでして手《て》に入《い》れた皇帝《こうてい》の座《ざ》だ。アウラングゼーブは質素《しっそ》な生活《せいかつ》を心《こころ》がけ、一時期《いちじき》は帝国《ていこく》の領土《りょうど》を最大《さいだい》にまで増《ふ》やしている。

それでも、異教徒《いきょうと》の多《おお》いムガル帝国《ていこく》で宗教《しゅうきょう》に切《き》り込《こ》むことは禁《きん》じ手《て》だった。帝国《ていこく》はあちこちで起《お》こる反乱《はんらん》を抑《おさ》えるため、次第《しだい》に財政難《ざいせいなん》になっていった。

また、次期帝位《じきていい》をめぐって、アウラングゼーブの息子《むすこ》たちが争《あらそ》い始《はじ》めた。

アウラングゼーブが亡《な》くなると、中央《ちゅうおう》政府《せいふ》を見限《みかぎ》り、納税《のうぜい》を拒否《きょひ》したり、独立《どくりつ》したりする国《くに》も現《あらわ》れ始《はじ》めた。

18世紀《せいき》、インドはイギリスやフランスに植民地侵略《しょくみんちしんりゃく》されるが、それはこうした動乱《どうらん》も原因《げんいん》のひとつだと言《い》われている。

未解決事件

ストーンマン

路上生活者《ろじょうせいかつしゃ》の頭《あたま》を巨石《きょせき》で次々《つぎつぎ》に潰《つぶ》して殺《ころ》した

恐怖度
★★★★★
悲哀度
★
歴史影響度
★

1985年夏《ねんなつ》、インドの西海岸《にしかいがん》にある大都市《だいとし》、ムンバイの人々《ひとびと》を震《ふる》え上《あ》がらせる事件《じけん》が発生《はっせい》した。

ある夜《よる》から、頭蓋骨《ずがいこつ》を巨大《きょだい》な石《いし》でつぶされたホームレスたちの死体《したい》が次々《つぎつぎ》に発見《はっけん》され始《はじ》めたのだ。被害者《ひがいしゃ》は全《すべ》て男性《だんせい》で、死体《したい》のすぐそばに転《ころ》がっていた石《いし》の重《おも》さはなんと、30キロもあった。

捜査《そうさ》は難航《なんこう》した。

殺《ころ》された被害者《ひがいしゃ》は全《すべ》て身元不明《みもとふめい》で、現場《げんば》は人通《ひとどお》りが少《すく》なかったからだ。

現地《げんち》の人々《ひとびと》は犯人《はんにん》を「ストーンマン」と呼《よ》び、犯行《はんこう》に合《あ》わないように夜間《やかん》は外出《がいしゅつ》を避《さ》けるなど、注意《ちゅうい》をはらい始《はじ》めた。

困《こま》ったのが路上生活者《ろじょうせいかつしゃ》だ。家《いえ》を持《も》たない人々《ひとびと》は、逃《に》げ込《こ》む場所《ばしょ》がない。

そんな中《なか》、ストーンマンに襲撃《しゅうげき》されつつも、命《いのち》からがら逃《に》げ出《だ》したという人《ひと》が現《あらわ》れた。ただ、ひと気《け》がない暗《くら》がりで襲《おそ》われたこともあり、犯人《はんにん》の顔《かお》がよく見《み》えなかったという。

その後《あと》も被害《ひがい》は起《お》き続《つづ》けた。

ところが1987年《ねん》、12人目《にんめ》の被害者《ひがいしゃ》が発見《はっけん》されてからというもの、犯行《はんこう》がピタリと止《と》まった。

ムンバイからコルカタへ

しかし人々《ひとびと》の安堵《あんど》もつかの間《ま》、2年後《ねんご》の1989年《ねん》6月《がつ》、次《つぎ》はインド東部《とうぶ》の大都市《だいとし》カルカッタ（コルカタ）で、同様《どうよう》の事件《じけん》が発生《はっせい》した。

手口《てぐち》はムンバイのストーンマンと同《おな》じで、路上《ろじょう》で巨大《きょだい》な石《いし》で頭《あたま》をつぶされたホームレスの死体《したい》が発見《はっけん》された。

ただ、カルカッタでは女性《じょせい》ホームレスも被害《ひがい》に合《あ》っていた。

また、ムンバイでは2年半《ねんはん》で12人《にん》が殺《ころ》されたが、カルカッタではわずか4か月《げつ》で7人《にん》が殺害《さつがい》された。

もちろん、ムンバイ同様《どうよう》に警察《けいさつ》も必死《ひっし》の捜査《そうさ》にあたったが、犯人逮捕《はんにんたいほ》の手《て》がかりや証拠《しょうこ》がつかめないまま、1990年《ねん》の3月《がつ》に13人目《にんめ》の被害者《ひがいしゃ》を出《だ》してから、犯行《はんこう》はピタリととまった。

犯人《はんにん》は誰《だれ》だ

そしてストーンマンの登場《とうじょう》から24年後《ねんご》の2009年《ねん》1月《がつ》、またしても事件《じけん》が起《お》きた。

場所《ばしょ》はインド北東部《ほくとうぶ》のアッサム州《しゅう》。犯行《はんこう》や手口《てぐち》は全《すべ》てストーンマンと同《おな》じだった。警察《けいさつ》はすぐに捜査《そうさ》に乗《の》り出《だ》し、7人《にん》もの被害者《ひがいしゃ》を出《だ》してようやく犯人《はんにん》を捕《つか》まえた。

なんと、22歳《さい》の薬物依存症《やくぶついぞんしょう》の男性《だんせい》だった。男性《だんせい》は素直《すなお》に犯行《はんこう》を認《みと》めた。

ただ、22歳《さい》だということは、ムンバイの最初《さいしょ》の犯行時《はんこうじ》にはまだ生《う》まれていない。カルカッタの事件《じけん》の時《とき》も、幼児《ようじ》の年齢《ねんれい》だ。つまり、ムンバイとカルカッタのストーンマンには該当《がいとう》しない。

初期《しょき》のストーンマンたちは捕《つか》まっていない。犯行《はんこう》の動機《どうき》も同一犯《どういつはん》だったのか、複数犯《ふくすうはん》か、模倣犯《もほうはん》か、その後《あと》の生死《せいし》すら分《わ》かっていない。

だからこそ、今《いま》なおインドの人々《ひとびと》に恐《きょう》怖《ふ》を与《あた》え続《つづ》けている。

自然環境

ケーララの赤《あか》い雨《あめ》

赤《あか》い液体《えきたい》の正体《しょうたい》は、地球外生命体《ちきゅうがいせいめいたい》か!?

恐怖度 ★★
悲哀度 ★
歴史影響度 ★★★★★

2001年《ねん》7月《がつ》25日《にち》、インドの南部《なんぶ》に位置《いち》するケーララ州《しゅう》に、赤《あか》い色《いろ》の雨《あめ》が降《ふ》り注《そそ》いだ。

雨《あめ》が降《ふ》った範囲《はんい》は数平方《すうへいほう》キロメートルほどだったが、20分近《ぶんちか》くも地表《ちひょう》を濡《ぬ》らしたという。

場所《ばしょ》によっては雨《あめ》に濡《ぬ》れると服《ふく》が赤《あか》く染《そ》まるほどで、雨《あめ》に含《ふく》まれていた赤《あか》い粒《りゅう》子《し》を調《しら》べると、全部《ぜんぶ》で50トンにもなったという。

こうした雨《あめ》は、同年《どうねん》の9月《がつ》23日《にち》まで何《なん》度《ど》も降《ふ》り、「放射能《ほうしゃのう》が含《ふく》まれているのではないか」

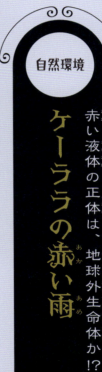

「有毒物質《ゆうどくぶっしつ》ではないか」など、多《おお》くの人《ひと》を恐《おそ》れさせた。というのも、雨《あめ》が降《ふ》る前《まえ》に上空《じょうくう》から「ドーン」という大《おお》きな音《おと》が聞《き》こえてきたからだ。

ただ、調査《ちょうさ》が進《すす》むにつれ、興味深《きょうみぶか》いことが分《わ》かってきた。

正体《しょうたい》は地球外《ちきゅうがい》の物質《ぶっしつ》！

2006年《ねん》、マハトマ・ガンジー大学《だいがく》やシェフィールド大学《だいがく》の教授《きょうじゅ》らが

「この雨《あめ》は、流《なが》れ星《ぼし》がもたらしたもので、成分《せいぶん》を調《しら》べたところ、地球外《ちきゅうがい》のものだと考《かんが》えられる」

と発表《はっぴょう》した。なんと「赤《あか》い雨《あめ》」の中《なか》に単細胞生物《たんさいぼうせいぶつ》らしきDNA《ディーエヌエー》が発見《はっけん》されたというのだ。

実《じつ》は赤《あか》い雨《あめ》は2012年《ねん》にスリランカでも観測《かんそく》されている。そして、2500年《ねん》も前《まえ》のインドの古《ふる》い記録《きろく》にも残《のこ》されているのだ。

そのため、

「この赤《あか》い雨《あめ》の正体《しょうたい》を解明《かいめい》することで、地球上《ちきゅうじょう》に生命《せいめい》が生《う》まれた原因《げんいん》が突《つ》き止《と》められるかもしれない」

と考《かんが》えている科学者《かがくしゃ》は少《すく》なくないのだという。

古代文明・儀式

超能力《ちょうのうりょく》が身《み》につく!? おぞましすぎる秘術《ひじゅつ》

ヒンドゥー教《きょう》・アゴーリ派《は》

恐怖度 ★★★★
悲哀度 ★
歴史影響度 ★★★

インドではそれぞれの宗教《しゅうきょう》に戒律《かいりつ》（守《まも》るべき決《き》まり）があり、食《しょく》ひとつとっても、

「豚肉《ぶたにく》は食《た》べてはいけない」
「牛肉《ぎゅうにく》は口《くち》にしてはいけない」
「アルコールを飲《の》んではいけない」

など、さまざまだが、信《しん》じる神様《かみさま》や教《おし》え、決《き》まりは違《ちが》っても、それぞれが尊重《そんちょう》しあいながら生活《せいかつ》をしている。

しかし……、あまりの過激《かげき》さから避《さ》けられている宗派《しゅうは》もある。

しばしば話題《わだい》にあがるのが、ヒンドゥー教《きょう》のアゴーリ派《は》だ。

元《もと》は同《おな》じ宗教《しゅうきょう》でも、長《なが》い年月《としつき》を経《へ》ることで「教《おし》え」や「信仰対象《しんこうたいしょう》」が違《ちが》ってくることはよくあることだ。

ヒンドゥー教《きょう》にも大《おお》きく分《わ》けて、ヴィシュヌ派《は》、シヴァ派《は》、シャクティ派《は》、スマルタ派《は》の4つの宗派《しゅうは》が存在《そんざい》する。

アゴーリ派《は》は1000年《ねん》もの歴史《れきし》を持《も》つが、そのいずれにも属《ぞく》さない。

ガンジスに住《す》む理由《りゆう》

アゴーリ派《は》の人々《ひとびと》が多《おお》く暮《く》らすのは、インド北部《ほくぶ》のウッタル・プラデーシュ州《しゅう》のガンジス川《がわ》のほとりだ。

彼《かれ》らがガンジス川《がわ》のそばに暮《く》らすのには理由《りゆう》がある。

彼《かれ》らの信教《しんきょう》にとって重要《じゅうよう》なアイテムをガンジス川《がわ》から調達《ちょうたつ》するからだ。

それは……人間《にんげん》の死体《したい》……。

インドでは水葬《すいそう》（海《うみ》や川《かわ》などに遺体《いたい》を沈《しず》める葬儀《そうぎ》の方法《ほうほう》）の風習《ふうしゅう》がある。大河《たいが》ガンジスは、古来《こらい》から「聖《せい》なる川《かわ》」とされ、水葬《すいそう》の地《ち》となっていた。

とはいえ、現在《げんざい》では川岸《かわぎし》で遺体《いたい》を燃《も》やし、灰《はい》にしてから流《なが》す。しかし今《いま》でも時《とき》折《おり》、そのまま死体《したい》を流《なが》す人《ひと》もいる。

それらをアゴーリ派《は》の人々《ひとびと》は、見逃《みのが》さない。

不老不死《ふろうふし》の秘法《ひほう》

というのもアゴーリ派《は》の人々《ひとびと》は、

「死体《したい》は霊力《れいりょく》を宿《やど》している。だから死体《したい》に触《ふ》れ、死肉《しにく》を体内《たいない》に取《と》り入《い》れると、神《じん》通力《つうりき》（超人的《ちょうじんてき》な能力《のうりょく》）を手《て》に入《い》れることができる。すると奇跡《きせき》が起《お》こせるようになる」

と信《しん》じているという。

「うまくいけば不老不死《ふろうふし》になれる」

と修行《しゅぎょう》に励《はげ》む人《ひと》も少《すく》なくない。

彼《かれ》らが儀式《ぎしき》で、死者《ししゃ》の灰《はい》を体《からだ》に塗《ぬ》りたくり、死体《したい》の上《うえ》で瞑想《めいそう》し、人間《にんげん》の頭蓋骨《ずがいこつ》を器《うつわ》にして死者《ししゃ》の排泄物《はいせつぶつ》を飲《の》み、時《とき》には死肉《しにく》を食《しょく》すのはそのためだ。

そんな姿《すがた》を、他《ほか》のヒンドゥーの宗派《しゅうは》の人々《ひとびと》は、

「ヒンドゥー教全体《きょうぜんたい》が誤解《ごかい》される」

と、アゴーリ派《は》を激《はげ》しく非難《ひなん》する。もちろん、インドの法律《ほうりつ》にも違反《いはん》している。

だからこそ、アゴーリ派《は》の人々《ひとびと》は密《ひそ》かに儀式《ぎしき》を行《おこな》う。それでもたまに漏《も》れ聞《き》こえ、人々《ひとびと》を不安《ふあん》にさせているそうだ。

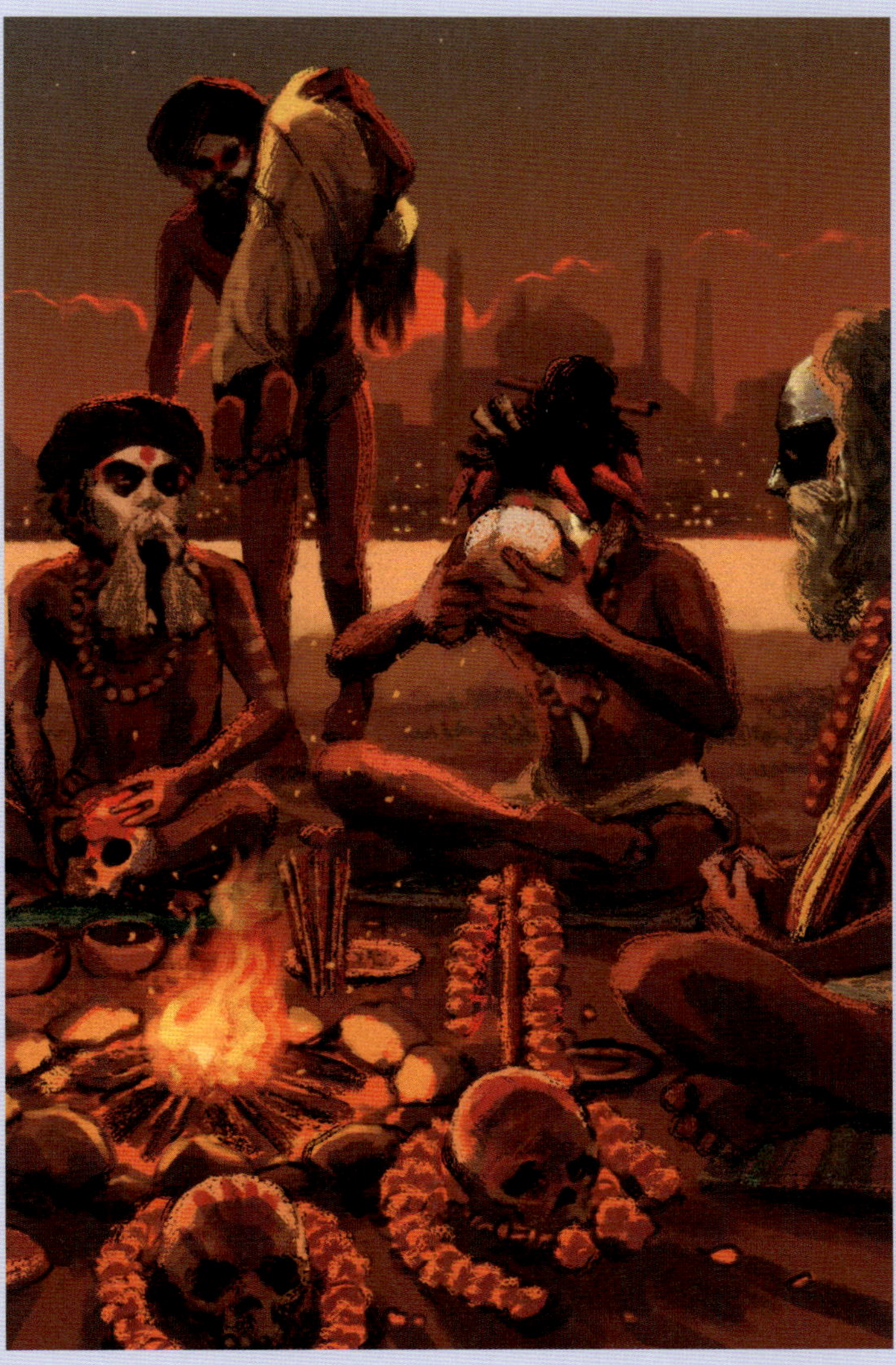

古代文明・儀式

今《いま》なお存在《そんざい》するいけにえ、呪《のろ》い、魔女狩《まじょが》り

恐怖《きょうふ》の黒魔術師《くろまじゅつし》

恐怖度 ★★★★
悲哀度 ★★
歴史影響度 ★★★

2013年《ねん》、インドのマハラシュトラ州《しゅう》で、通称《つうしょう》「黒魔術禁止法《くろまじゅつきんしほう》」という奇妙《きみょう》な法律《ほうりつ》が提案《ていあん》された。

インドでは黒魔術《くろまじゅつ》（他人《たにん》に危害《きがい》を与《あた》えたり、自分《じぶん》の欲求《よっきゅう》・欲望《よくぼう》を満《み》たすために行《おこな》われる魔術《まじゅつ》）によるトラブルが後《あと》を絶《た》たない。そこで州政府《しゅうせいふ》が、黒魔術《くろまじゅつ》の使用《しよう》を禁止《きんし》したのだ。

この「黒魔術禁止法《くろまじゅつきんしほう》」は、さまざまな州《しゅう》で検討《けんとう》されている。

たとえばインド南部《なんぶ》にあるケーララ州《しゅう》ではこんな事件《じけん》が起《お》きている。

赤《あか》ちゃんを望《のぞ》みすぎて

2022年《ねん》、ケーララ州《しゅう》のとある民家《みんか》の庭《にわ》で、56個《こ》に分解《ぶんかい》された人間《にんげん》のパーツが発見《はっけん》された。

犯人《はんにん》は家《いえ》の持《も》ち主《ぬし》である医師夫婦《いしふうふ》と、なんと黒魔術師《くろまじゅつし》だった。

医師夫婦《いしふうふ》は長年《ながねん》、「子《こ》どもができない」という悩《なや》みを抱《かか》えていた。そこで黒《くろ》魔術師《まじゅつし》に相談《そうだん》したところ、

「女性《じょせい》をいけにえにして庭《にわ》に埋《う》めれば、子《こ》どもができ一族《いちぞく》も繁栄《はんえい》する」

と、黒魔術《くろまじゅつ》の方法《ほうほう》をアドバイスされた。

そこで……3人《にん》は道行《みちゆ》く女性《じょせい》を誘拐《ゆうかい》し、残酷《ざんこく》ないけにえの儀式《ぎしき》を行《おこな》った。その後《あと》、バラバラにして庭《にわ》に埋《う》めたのだ。

いけにえになった男児《だんじ》

2015年《ねん》にはインド北東部《ほくとうぶ》のアッサム州《しゅう》で、5歳《さい》の男《おとこ》の子《こ》が神《かみ》へのいけにえとして首《くび》を切《き》られ、殺害《さつがい》されるという事件《じけん》が起《お》きている。

殺《ころ》された男《おとこ》の子《こ》は、黒魔術《くろまじゅつ》を信仰《しんこう》する男性《だんせい》から、

「チョコレートをあげる」

と言《い》われて家《いえ》に誘《さそ》われた。そして、ヒンドゥー教《きょう》の女神《めがみ》カリの祭壇《さいだん》の前《まえ》で首《くび》を切《き》られた。

ほどなくして男《おとこ》の子《こ》の遺体《いたい》は村人《むらびと》たちに発見《はっけん》された。黒魔術師《くろまじゅつし》は激怒《げきど》した村人《むらびと》たちに殴《なぐ》り殺《ころ》されたという。

多発《たはつ》する人骨《じんこつ》の密輸《みつゆ》

インド北部《ほくぶ》に位置《いち》する ビハール州《しゅう》ではこんな事件《じけん》も起《お》きている。

2018年《ねん》11月下旬《がつげじゅん》、州《しゅう》の鉄道警察《てつどうけいさつ》は、サンジェイ・プラサードという名《な》の男性《だんせい》を逮捕《たいほ》した。

鉄道警察《てつどうけいさつ》が急行列車《きゅうこうれっしゃ》の中《なか》で酒類《さけるい》の密輸《みつゆ》品《ひん》をチェックしていると、なんとプラサードのカバンから人間《にんげん》の頭蓋骨《ずがいこつ》16個《こ》、

大腿骨《だいたいこつ》34個《こ》が見《み》つかったのだ。

これらの人骨《じんこつ》はいずれもインド北部《ほくぶ》のプラデーシュ州《しゅう》で購入《こうにゅう》したもので、黒魔《くろま》術《じゅつ》の材料《ざいりょう》としてブータンに密輸《みつゆ》される予《よ》定《てい》だった。

実《じつ》はインドに限《かぎ》らず、今《いま》でもメキシコ、パプアニューギニア、ウガンダなどでも、黒魔術《くろまじゅつ》が信《しん》じられているそうだ。

私《わたし》は魔女《まじょ》じゃない！

一方《いっぽう》で、冤罪《えんざい》（無実《むじつ》であるのに犯罪者《はんざいしゃ》として扱《あつか》われること）も後《あと》を絶《た》たない。

２０１９年《ねん》、オリッサ州《しゅう》のある村《むら》で男《だん》性《せい》6人《にん》が、「魔女狩《まじょが》り」の容疑《ようぎ》で逮捕《たいほ》された。

実《じつ》は男性《だんせい》のうち5人《にん》は家族《かぞく》で、彼《かれ》らの家《いえ》の12歳《さい》の娘《むすめ》が急死《きゅうし》した。

そこでまじない師《し》に、「何《なん》か原因《げんいん》があるのではないだろうか」と相談《そうだん》したところなんと、「村《むら》に魔女《まじょ》がいるせいだ」と告《つ》げられたのだという。

男性《だんせい》たちは、すぐに黒魔術師《くろまじゅつし》のウワサがある女性《じょせい》の元《もと》を訪《おとず》れた。そして、女性《じょせい》とその子《こ》どもをバールで殴《なぐ》って殺《ころ》し、井《い》戸《ど》に投《な》げ込《こ》んだのだという。

こうした住民《じゅうみん》らによる魔女狩《まじょが》りは、インドではしばしばあるのだという。「黒魔術《くろまじゅつ》を使《つか》って村人《むらびと》を呪《のろ》った」として、殺害《さつがい》されるケースはインド全《ぜん》体《たい》で毎年数百人《まいとしすうひゃくにん》にのぼるというのだ。

たとえば同年《どうねん》、インド東部《とうぶ》ジャルカンド州《しゅう》のとある農村《のうそん》では、高齢《こうれい》の夫婦《ふうふ》が、近隣《きんりん》の住民《じゅうみん》らに殴《なぐ》り殺《ころ》されている。

別《べつ》の村《むら》でも、60歳《さい》の女性《じょせい》が「黒魔術師《くろまじゅつし》だ」と言《い》いがかりをつけられ、隣《となり》の住民《じゅうみん》に焼《や》き殺《ころ》される事件《じけん》が起《お》きている。

イラン

紀元前《きげんぜん》6世紀《せいき》に繁栄《はんえい》した都市《とし》ペルセポリスなど、
高度《こうど》な古代文明《こだいぶんめい》でも知《し》られる、イラン。
しかし過酷《かこく》な自然環境《しぜんかんきょう》もあいまって、そこには、
王朝《おうちょう》が興亡《こうぼう》を繰《く》り返《かえ》す、戦《たたか》いの歴史《れきし》もあった。

暴君・悪女

孫《まご》に手《て》をかけ、家臣《かしん》に息子《むすこ》を食《た》べさせた

アステュアゲス王《おう》

恐怖度 ★★★
悲哀度 ★★★
歴史影響度 ★★★

紀元前《きげんぜん》600年頃《ねんごろ》から紀元前《きげんぜん》500年《ねん》頃《ごろ》にかけて、現在《げんざい》のイラン北西部《ほくせいぶ》に「メディア王国《おうこく》」という国《くに》があった。

アステュアゲス王《おう》は、メディア王国《おうこく》の最後《さいご》の王《おう》だ。

古代《こだい》ギリシアの歴史家《れきしか》ヘロドトスの歴《れき》史書《ししょ》『歴史《れきし》』によると、こんな不思議《ふしぎ》な話《はなし》がある。

奇妙《きみょう》な夢《ゆめ》

ある日《ひ》、アステュアゲス王《おう》は不思議《ふしぎ》な夢《ゆめ》を見《み》た。

娘《むすめ》のマンダネがおねしょをするのだが、そのおねしょの水《みず》がなんと、みるみるうちにメディア王国《おうこく》の都《みやこ》を覆《おお》い尽《つ》くしたのだ。

気《き》になったアステュアゲス王《おう》は、すぐに夢占《ゆめうらな》い師《し》に相談《そうだん》をした。すると、

「王《おう》に不吉《ふきつ》なことが起《お》こるという予知夢《よちむ》です」

と、告《つ》げられた。

そこでアステュアゲス王《おう》はマンダネが成人《せいじん》すると、当時《とうじ》メディア王国《おうこく》の支配下《しはいか》にあったペルシアの貴族《きぞく》と結婚《けっこん》させ、城《しろ》から追《お》い出《だ》した。

しばらくしてマンダネは男《おとこ》の子《こ》を身《み》ごもった。

そんなある日《ひ》アステュアゲス王《おう》はまた、夢《ゆめ》を見《み》た。マンダネの体《からだ》からぶどうの木《き》が生《は》え、みるみるうちにアジア全体《ぜんたい》を覆《おお》い尽《つ》くしたのだ。

アステュアゲス王《おう》は急《いそ》いで夢占《ゆめうらな》い師《し》に

相談《そうだん》すると、

「この夢《ゆめ》は、王《おう》がマンダネ様《さま》の子《こ》どもに地位《ちい》を奪《うば》われることを意味《いみ》しています」

と、告《つ》げられた。

孫《まご》を、殺《ころ》せ！

アステュアゲス王《おう》は、最《もっと》も信頼《しんらい》をしていた部下《ぶか》ハルパゴスを呼《よ》び寄《よ》せると、

「マンダネが子《こ》どもを産《う》んだらすぐにお前《まえ》の家《いえ》に連《つ》れ帰《かえ》り、必《かなら》ず殺《ころ》せ」

と、命《めい》じた。ハルパゴスは命《めい》じられるまま、号泣《ごうきゅう》するマンダネから赤子《あかご》を取《と》り上《あ》げるのだが、思《おも》い悩《なや》む。

「殺《ころ》すなんてとてもできない」

そこでハルパゴスは山奥《やまおく》に住《す》む牛飼《うしか》いに、赤子《あかご》を差《さ》し出《だ》しながら告《つ》げた。

「これは王《おう》の命令《めいれい》だ。この赤子《あかご》を殺《ころ》せ。遺体《いたい》は確《たし》かめに来《く》る。必《かなら》ず殺《ころ》すように」

と。牛飼《うしか》いは気《き》が重《おも》かった。自分《じぶん》の家《いえ》でも、今《いま》にも子《こ》どもが生《う》まれそうだったからだ。

牛飼《うしか》いの子《こ》ども

牛飼《うしか》いが家《いえ》に帰《かえ》ると、妻《つま》が泣《な》いていた。自分《じぶん》たちの赤子《あかご》は生《う》まれてすぐに、死《し》んでしまったのだという。

しかし、妻《つま》は牛飼《うしか》いが抱《だ》いている赤《あか》ちゃんを見《み》ると涙《なみだ》をふき、言《い》った。

「こうしましょう。死《し》んだ子《こ》をマンダネ様《さま》の子《こ》として差《さ》し出《だ》し、この子《こ》を私《わたし》たちの子《こ》として育《そだ》てましょう」

こうして、マンダネの子《こ》はキュロスと名付《なづ》けられ、すくすくと育《そだ》った。

ところが時《とき》が経《た》ち、キュロスの存在《そんざい》がアステュアゲス王《おう》に知《し》られてしまった。

怒《いか》り狂《くる》ったアステュアゲス王《おう》は、ハルパゴスを呼《よ》び出《だ》し、

「孫《まご》が生《い》きているそうだな。祝宴《しゅくえん》を開《ひら》こう。お前《まえ》の一人息子《ひとりむすこ》にも孫《まご》を会《あ》わせたいから、宮殿《きゅうでん》に来《く》るよう伝《つた》えてくれ」

と、命《めい》じた。実《じつ》はこれは罠《わな》だった。

王《おう》はハルパゴスの息子《むすこ》が宮殿《きゅうでん》に到着《とうちゃく》するとすぐに殺《ころ》した。そしてなんと息子《むすこ》の肉《にく》で料理《りょうり》を作《つく》らせ、ハルパゴスに食《た》べさせたのだ。王《おう》は聞《き》いた。

「うまかったか」

「はい、おいしゅうございました」

王《おう》はハルパゴスの息子《むすこ》の手足《てあし》と頭《あたま》を出《だ》して見《み》せ、言《い》った。

「おまえは、自分《じぶん》が何《なん》の肉《にく》を食《た》べたのか分《わ》かるか」

ハルパゴスは顔色一《かおいろひと》つ変《か》えず、

「よく分《わ》かりました」

と、息子《むすこ》の亡《な》き骸《がら》を家《いえ》に持《も》ち帰《かえ》った。

ハルパゴスの復讐《ふくしゅう》

一方王《いっぽうおう》は、今回《こんかい》の出来事《できごと》について占《うらな》い師《し》たちに占《うらな》わせた。占《うらな》い師《し》たちは、

「キュロスは子《こ》どもたちの間《あいだ》で『王《おう》』として扱《あつか》われていたようです。この時点《じてん》で予言《よげん》は成就《じょうじゅ》されているので、アステュアゲス王様《おうさま》には危険《きけん》は及《およ》びません」

と、王《おう》を安心《あんしん》させた。

キュロスは、マンダネのもとに返《かえ》された。そこで、ペルシアの人々《ひとびと》がメディア王国《おうこく》でしいたげられていることを知《し》る。

キュロスが、ペルシアのためにメディア王国《おうこく》に対《たい》する反乱《はんらん》を起《お》こしたのは、一連《いちれん》の出来事《できごと》を知《し》ったためだ。

反乱《はんらん》の一報《いっぽう》を聞《き》いて驚《おどろ》いたアステュアゲス王《おう》は、すぐに鎮圧《ちんあつ》するよう、ハルパゴスに命《めい》じた。しかし、ハルパゴスはこぞとばかりに、キュロスの味方《みかた》をした。

メディア軍《ぐん》は崩壊《ほうかい》した。

その後《あと》の王《おう》だが、占《うらな》い師《し》たちを処刑《しょけい》し、自《みずか》らも戦《たたか》ったが、結局《けっきょく》キュロスに捕《と》らえられ、奴隷《どれい》の身《み》に落《お》ちた。最期《さいご》は飢《う》え死《じ》にしたという。

このキュロスこそ、後《のち》に古代《こだい》オリエント諸国《しょこく》を統一《とういつ》して空前《くうぜん》の大帝国《だいていこく》を建設《けんせつ》した、「アケメネス朝《ちょう》ペルシア」の初代国王《しょだいこくおう》「キュロス2世《せい》」だ。

現代《げんだい》でもキュロスは、「イランの建国者《けんこくしゃ》」と称《たた》えられている。

国家・政府

アケメネス朝《ちょう》ペルシアの不死身軍団《ふじみぐんだん》

アタナトイ（不死隊《ふしたい》）

恐怖度 ★★★★

悲哀度 ★

歴史影響度 ★★★★★

アケメネス朝《ちょう》ペルシアは、エーゲ海《かい》からインダス川《がわ》までの広大《こうだい》な地域《ちいき》を2世紀《せいき》以上《いじょう》もの間《あいだ》支配《しはい》した、巨大帝国《きょだいていこく》だ。

この帝国《ていこく》には、初代《しょだい》のキュロス王《おう》の時《じ》代《だい》から、不気味《ぶきみ》な軍隊《ぐんたい》がいると恐《おそ》れられていた。

その名《な》も「アタナトイ（不死隊《ふしたい》）」。1万《まん》の歩兵《ほへい》から編成《へんせい》される精鋭部隊《せいえいぶたい》で、倒《たお》しても倒《たお》しても、数《かず》を減《へ》らすことなく押《お》し寄《よ》せてくるのだという。

減《へ》らない兵隊《へいたい》

彼《かれ》らはまさに「不死身《ふじみ》の軍団《ぐんだん》」だった。といっても、「死《し》なない」というわけではない。誰《だれ》かが殺《ころ》されるとすぐに別《べつ》の兵士《へいし》が補充《ほじゅう》されるという、からくりがあったという。

しかし、敵《てき》から見《み》ると、殺《ころ》しても殺《ころ》しても兵《へい》が減《へ》らないのだ。さぞ恐《おそ》ろしかっただろう。

兵士《へいし》たちがまとう色《いろ》とりどりの装備《そうび》も見事《みごと》だったと言《い》われている。

アナタトイは多民族《たみんぞく》で構成《こうせい》されていた。というのも、アケメネス朝《ちょう》ペルシアは、税《ぜい》の支払《しはら》いと一定期間《いっていきかん》、兵士《へいし》になることを条件《じょうけん》に異民族《いみんぞく》に自治《じち》（自分《じぶん》たちの集団《しゅうだん》は自分《じぶん》たちで治《おさ》めること）と信教《しんきょう》の自由《じゆう》を認《みと》めていたからだ。

そのため、メディア人《じん》とペルシア人《じん》は顔《かお》に黒《くろ》くて薄《うす》い布《ぬの》を巻《ま》き付《つ》け、アッシリア人《じん》は黄銅《おうどう》のカブト、スキタイ人《じん》は尖《とが》った帽子《ぼうし》、モスコス人《じん》は木製《もくせい》のカブト、東《ひがし》エチオピア人《じん》は馬《うま》の頭皮《とうひ》というふうに、それぞれの部族《ぶぞく》が揃《そろ》いの鎧《よろい》を身《み》にまとい、顔《かお》を隠《かく》して戦《いくさ》に挑《いど》んだという。

その異様《いよう》な姿《すがた》と、決《けっ》して減《へ》らない無数《むすう》の兵隊《へいたい》を見《み》て、戦《たたか》う前《まえ》に戦意《せんい》を失《うしな》う軍隊《ぐんたい》もあったという。

そんなアケメネス朝《ちょう》ペルシアが滅《ほろ》んだ大《おお》きな原因《げんいん》は、王族同士《おうぞくどうし》の殺《ころ》し合《あ》いだったという。たとえ政治《せいじ》がうまくいっても、軍隊《ぐんたい》が強《つよ》くても、トップ次第《しだい》で国《くに》は滅《ほろ》んでしまうということなのだろう。

国家・政府

アサシン（暗殺者《あんさつしゃ》）

中世《ちゅうせい》のアラブで暗躍《あんやく》した恐怖《きょうふ》の一派《いっぱ》

恐怖度 ★★★★
悲哀度 ★★★
歴史影響度 ★★★★

漫画《まんが》や映画《えいが》、小説《しょうせつ》などで「アサシン（暗殺集団《あんさつしゅうだん》・暗殺者《あんさつしゃ》）」という言葉《ことば》を見《み》たことはないだろうか。

これは、イランやシリアに存在《そんざい》した、宗教団体《しゅうきょうだんたい》が語源《ごげん》なのだという。

といってもエピソードは「都市伝説《としでんせつ》」にカテゴライズされるようなウワサ話《ばなし》ばかりだと、今《いま》では判明《はんめい》している。ただ、語源《ごげん》となった組織《そしき》は、実際《じっさい》に存在《そんざい》したようだ。

困難《こんなん》の後継者選《こうけいしゃえら》び

その名《な》も「ニザール・イスマイル」。イスラム教《きょう》の一派《いっぱ》で、イスラム教《きょう》シーア派《は》から分派《ぶんぱ》した集団《しゅうだん》だ。

大《おお》きな起源《きげん》は、西暦《せいれき》661年《ねん》のイスラム教最初《きょうさいしょ》の分裂《ぶんれつ》だ。

預言者《よげんしゃ》ムハンマドの後継《こうけい》をめぐる議論《ぎろん》をきっかけに、イスラム教徒《きょうと》はシーア派《は》とスンニ派《は》に分《わ》かれた。

9世紀《せいき》になると、シーア派内部《はないぶ》で指導《しどう》者《しゃ》について議論《ぎろん》が起《お》きた。そこで独立《どくりつ》したのが「イスマイル」という人物《じんぶつ》を指導《しどう》者《しゃ》に推《お》したいイスマイル派《は》だ。

そうして時《とき》がすぎ、イスマイル派《は》でも分裂《ぶんれつ》が起《お》きる。この時《とき》に生《う》まれた「ニザール派《は》」の人々《ひとびと》が、後《のち》にアサシンと呼《よ》ばれるようになる。

少数精鋭《しょうすうせいえい》ゆえの、暗殺《あんさつ》

ニザール派《は》は、秘密主義《ひみつしゅぎ》を徹底《てってい》したことで、他《ほか》のイスラム教《きょう》の派閥《はばつ》からよく思《おも》われていなかった。

そこでニザール派《は》の人々《ひとびと》は、現在《げんざい》のイランとシリアの山中《さんちゅう》に要塞《ようさい》を作《つく》り、戦士《せんし》団《だん》を結成《けっせい》。自《みずか》らを「フィダーイー（自分《じぶん》を犠牲《ぎせい》にしても、目的《もくてき》を果《は》たす者《もの》）」と呼《よ》ぶようになった。

当時《とうじ》は、宗教《しゅうきょう》の異《こと》なる理念《りねん》のぶつかりがきっかけで、剣《けん》を交《まじ》えることも少《すく》なくなかった。しかし、少数《しょうすう》で構成《こうせい》される彼《かれ》らに、勝《か》ち目《め》はなかった。そこでフィダーイーたちは対立《たいりつ》する勢力《せいりょく》のトップをピンポイントで攻撃《こうげき》して殺《ころ》そうとするようになったというのだ。

そんな時彼《ときかれ》らは大麻《たいま》（ハシシ）を用《もち》いた。といってもウワサに過《す》ぎないのだが、このハシシが転《てん》じて、「アサシン（暗殺《あんさつ》集団《しゅうだん》）」と呼《よ》ばれるようになったと言《い》われている。

史実《しじつ》か、虚実《きょじつ》か

しかし、これらは「暗殺《あんさつ》された」と主《しゅ》張《ちょう》する側《がわ》の意見《いけん》だ。

それでも、当時《とうじ》の世界《せかい》によほどのインパクトを与《あた》えたのだろう。今《いま》でも、暗殺《あんさつ》者《しゃ》を指《さ》す言葉《ことば》として、「アサシン」が使《つか》われ続《つづ》けている。

ちなみにニザール派《は》は、モンゴル帝国《ていこく》の襲来《しゅうらい》によって13世紀半《せいきなか》ばに、拠点《きょてん》を失《うしな》った。現在《げんざい》も存在《そんざい》はしてはいるものの、当然《とうぜん》、暗殺《あんさつ》とは程遠《ほどとお》い生活《せいかつ》を送《おく》っているようだ。

イラク

「イラク」は、国家《こっか》としては第一次世界大戦後《だいいちじせかいたいせんご》にイギリスによって作《つく》られた、「人工《じんこう》の国家《こっか》」だ。かつては古代《こだい》メソポタミア文明《ぶんめい》の中心地《ちゅうしんち》で、豊《ゆた》かだからこそ、古代《こだい》から戦《たたか》いの舞台《ぶたい》になってきた。

古代文明・儀式

ハンムラビ法典《ほうてん》

「目《め》には目《め》を、歯《は》に歯《は》を」だけではない

恐怖度 ★★★
悲哀度 ★★★
歴史影響度 ★★★★★

「中東《ちゅうとう》」と聞《き》くと、石油《せきゆ》のイメージが強《つよ》いかもしれない。一方《いっぽう》でこの地域《ちいき》は、古代文明《こだいぶんめい》の名残《なごり》が点在《てんざい》する、ロマンあふれるエリアとしても有名《ゆうめい》だ。

中《なか》でもチグリス川《がわ》とユーフラテス川《がわ》の間《あいだ》の地域《ちいき》（現在《げんざい》のイラク北部《ほくぶ》）は、世界《せかい》最古《さいこ》の文明《ぶんめい》とされる「メソポタミア文明《ぶんめい》」が栄《さか》えた。その歴史《れきし》は、紀元前《きげんぜん》6千《せん》年《ねん》にまでさかのぼる。

さて、考古学《こうこがく》ではシュメールにはじまり、アッカド、バビロニア、アッシリアといった国々《くにぐに》が有名《ゆうめい》だが、最《もっと》も有名《ゆうめい》なのは、「バビロニア」だろう。

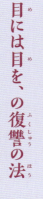

バビロニアは現代《げんだい》のイラクの南部《なんぶ》、チグリス川《がわ》とユーフラテス川下流《がわかりゅう》で、紀元前《きげんぜん》19世紀初《せいきはじ》めから紀元前《きげんぜん》16世紀初《せいきはじ》め頃《ごろ》まで栄《さか》えた都市国家《としこっか》だ。

目《め》には目《め》を、の復讐《ふくしゅう》の法《ほう》

「目《め》には目《め》を、歯《は》には歯《は》を」という言葉《ことば》を、聞《き》いたことがないだろうか。

これは、紀元前《きげんぜん》1700年頃《ねんごろ》にバビロン第《だい》1王朝《おうちょう》のハンムラビ王《おう》が制定《せいてい》したとされる『ハンムラビ法典《ほうてん》』の一節《いっせつ》だ。

この法律《ほうりつ》、ハンムラビ法典《ほうてん》の中《なか》の「復讐法《ふくしゅうほう》」と呼《よ》ばれる復讐《ふくしゅう》にまつわる法律《ほうりつ》なのだが、実《じつ》は「やられたらやり返《かえ》せ」という意味《いみ》ではなく、「やりすぎないように」という願《ねが》いが込《こ》められているという。

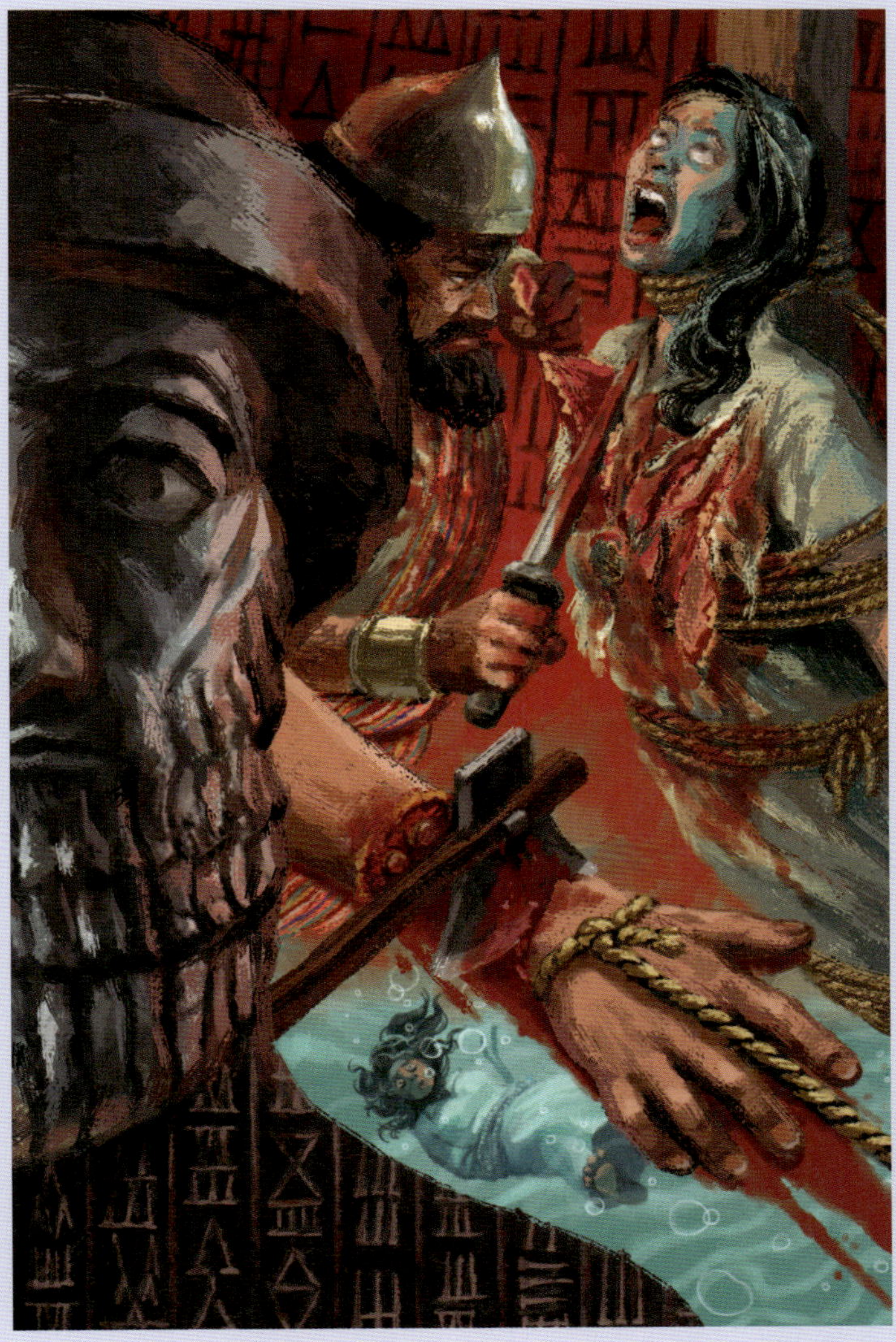

また、それは身分《みぶん》によってペナルティが微妙《びみょう》に違《ちが》ったようだ。

古代《こだい》バビロニアには、大《おお》きく分《わ》けて貴《き》族《ぞく》、平民《へいみん》、奴隷《どれい》の3つの身分《みぶん》があった。

「もし彼《かれ》がほかの人《ひと》の目《め》を損《そこ》なったなら、彼《かれ》は彼《かれ》の目《め》を損《そこ》なわなければならない」

「もし彼《かれ》がほかの人《ひと》の骨《ほね》を折《お》ったのなら、彼《かれ》は彼《かれ》の骨《ほね》を折《お》らなければならない」

と、同等《どうとう》の罰《ばつ》が定《さだ》められているのは貴《き》族同士《ぞくどうし》のケースで、相手《あいて》が一般《いっぱん》の人《ひと》や奴《ど》隷《れい》が相手《あいて》になるとお金《かね》で解決《かいけつ》をしていたようだ。また、

「もし彼《かれ》（奴隷《どれい》）が平民《へいみん》の頬《ほお》を殴《なぐ》ったときは、彼《かれ》の耳《みみ》を切《き》り取《と》る」

などと、身分《みぶん》によっては刑罰《けいばつ》が厳《きび》しくなることもあった。

ルールを守《まも》らないと死刑《しけい》

また、ハンムラビ法典《ほうてん》はこんな怖《こわ》い法《ほう》律《りつ》もある。

「王様《おうさま》に仕《つか》える者《もの》の養子《ようし》が、実《じつ》の親《おや》のところに戻《もど》ったら、眼球《がんきゅう》をくりぬく」

「乳母《うば》は、あずけた子《こ》どもを死《し》なせたり、他《ほか》の子《こ》どもと取《と》り替《か》えたりしたら、胸《むね》を切《き》り裂《さ》く」

「息子《むすこ》が自分《じぶん》の父親《ちちおや》を殴《なぐ》ったら、手《て》を切《き》られる」

このように、親子《おやこ》や主従《しゅじゅう》（主人《しゅじん》と家《け》

来《らい》）関係《かんけい》の間《あいだ》の問題《もんだい》について、厳《きび》しく定《さだ》められていた。

　ここまで読《よ》むと、息苦《いきぐる》しさを感《かん》じるかもしれないが、実《じつ》は犯罪者《はんざいしゃ》に厳《きび》しく、被《ひ》害者《がいしゃ》にやさしい法律《ほうりつ》がほとんどであることも特徴《とくちょう》だ。

「酒場《さかば》の者《もの》が、酒《さけ》と麦《むぎ》（お金《かね》）の交換《こうかん》をこばんだり、値段《ねだん》をごまかしたら、川《かわ》に投《な》げ込《こ》んで溺死《できし》させてもいい」

「もし酒場《さかば》に犯罪人《はんざいにん》が集《あつ》まっているのを知《し》りながら通報《つうほう》しなかったら、その酒場《さかば》の女《おんな》は死刑《しけい》」

「他人《たにん》の幼児《ようじ》を誘拐《ゆうかい》した者《もの》は死刑《しけい》」

「宮廷《きゅうてい》の奴隷《どれい》を逃亡《とうぼう》させた者《もの》は死刑《しけい》」

「他人《たにん》の家《いえ》に侵入《しんにゅう》した者《もの》は殺害《さつがい》される」

　といったものがそれだ。

　日本《にっぽん》では強盗《ごうとう》にあった場合《ばあい》は泣《な》き寝入《ねい》りさせられることもままある。しかし、ハンムラビ法典《ほうてん》では、強盗《ごうとう》をして捕《つか》まったらその犯人《はんにん》は殺《ころ》されることが定《さだ》められていた。

　しかも捕《つか》まらなかったとしても、

「市《し》と市長《しちょう》は、彼《かれ》が奪《うば》われた物《もの》が何《なん》であれ、償《つぐな》わなければならない」

　という、取《と》り決《き》めまであった。ルールを守《まも》る人間《にんげん》にとっては、暮《く》らしやすかったのかもしれない。

暴君・悪女

古代最強国《こだいさいきょうこく》アッシリアの最凶王《さいきょうおう》

アッシュルバニパル

恐怖度
★★★★
悲哀度
★★
歴史影響度
★★★★★

　古代《こだい》から権力者《けんりょくしゃ》たちは、反逆者《はんぎゃくしゃ》を残酷《ざんこく》に処刑《しょけい》することで、周囲《しゅうい》の人々《ひとびと》を威圧《いあつ》してきた。

　そんな処刑法《しょけいほう》の中《なか》でも最《もっと》も恐《おそ》ろしいとされているものが「皮《かわ》はぎの刑《けい》」だ。

　文字通《もじどお》り、生《い》きた人間《にんげん》の全身《ぜんしん》の皮膚《ひふ》を、刃物《はもの》などを使《つか》ってはぎ取《と》るというものなのだが……。

　刑《けい》に処《しょ》される人間《にんげん》は、自分《じぶん》の皮《かわ》をはぎ取《と》られる痛《いた》みと恐怖《きょうふ》で絶叫《ぜっきょう》しつつも、なかなか死《し》ぬことができずに、地獄《じごく》の苦《くる》しみを味《あじ》わうという。

　用《もち》いる道具《どうぐ》は刃物《はもの》だけというシンプルさもあり、時代《じだい》を問《と》わず世界各地《せかいかくち》の権力《けんりょく》者《しゃ》たちが行《おこな》ってきたが、最《もっと》も歴史《れきし》が古《ふる》いとされているのが、アッシリアだ。

古代最強《こだいさいきょう》で最凶《さいきょう》の民族《みんぞく》

　アッシリアは、現在《げんざい》のイラク北部《ほくぶ》、チグリス川《がわ》とユーフラテス川《がわ》の上流《じょうりゅう》で、紀《き》元前《げんぜん》３０００年代後半《ねんだいこうはん》から紀元前《きげんぜん》６１０年頃《ねんごろ》まで存続《そんぞく》した古代国家《こだいこっか》だ。

　アッシリア人《じん》たちは、周辺国《しゅうへんこく》から残忍《ざんにん》なことで恐《おそ》れられていた。

　自然環境《しぜんかんきょう》に恵《めぐ》まれ、作物《さくもつ》がよくできる土地《とち》と、寒暖差《かんだんさ》が激《はげ》しい過酷《かこく》な場所《ばしょ》が入

り混《ま》じったこの地《ち》では、民族同士《みんぞくどうし》の略奪《りゃくだつ》が当《あ》たり前《まえ》のように存在《そんざい》していた。

そんな地《ち》で勢力《せいりょく》を伸《の》ばすには、それなりの「力《ちから》」の誇示《こじ》が必要《ひつよう》だったのだろう。

さて、名《な》だたる王《おう》の中《なか》でも、アッシリア帝国《ていこく》の全盛期《ぜんせいき》の王《おう》「アッシュルバニパル」は、残酷《ざんこく》さでも有名《ゆうめい》だ。

アッシュルバニパルが在位《ざいい》したのは、紀元前《きげんぜん》650年頃《ねんごろ》。

先代《せんだい》の王《おう》たちから受《う》け継《つ》いだ土地《とち》に加《くわ》え、次々《つぎつぎ》と周辺国《しゅうへんこく》に攻《せ》め入《い》り、初《はじ》めてメソポタミアからシリア、エジプトに及《およ》ぶ広範囲《こうはんい》を支配《しはい》した。

時《とき》には捕虜《ほりょ》による反乱《はんらん》もあったが、そんな時《とき》は、二度《にど》と起《お》こす気《き》にならないよう、対象者《たいしょうしゃ》を徹底的《てっていてき》に虐殺《ぎゃくさつ》した。

人間《にんげん》の皮《かわ》の柱《はしら》

反乱《はんらん》を恐怖《きょうふ》で抑《おさ》え込《こ》むためにアッシリアの王《おう》たちが行《おこな》った残虐《ざんぎゃく》な処刑法《しょけいほう》として知《し》られているのは、

「腕《うで》や、足《あし》を切《き》り落《お》とし、鼻《はな》や耳《みみ》をそいだ。目《め》をえぐり取《と》った」

などだ。さらに切《き》り落《お》とした首《くび》を腕《うで》や足《あし》とともに城壁《じょうへき》や街路樹《がいろじゅ》に吊《つる》したり、杭《くい》の上《うえ》に頭蓋骨《ずがいこつ》をさらしたりした。

兵士《へいし》たちの皮《かわ》で大《おお》きな柱一本《はしらいっぽん》を覆《おお》ったという記録《きろく》もある。

アッシュルバニパルの図書館《としょかん》

一方《いっぽう》で、アッシュルバニパルの功績《こうせき》は、こうした残酷《ざんこく》なものだけではない。学問《がくもん》や芸術《げいじゅつ》をとても大切《たいせつ》に考《かんが》えていた彼《かれ》は、首都《しゅと》ニネヴェに「王立図書館《おうりつとしょかん》」を設立《せつりつ》している。

これらの記録《きろく》は「世界《せかい》で最《もっと》も貴重《きちょう》な歴史史料《れきししりょう》の源《みなもと》」とも称《しょう》されている。

トルコ

アジアとヨーロッパの境《さかい》に位置《いち》するトルコは、
両文化《りょうぶんか》を受《う》け止《と》め発信《はっしん》する、
「文明《ぶんめい》のゆりかご」的存在《てきそんざい》でもある。
それゆえ諸文明《しょぶんめい》の勃興《ぼっこう》にも関《かか》わってきたのだ。

暴君・悪女

「ブルガリア人殺《じんごろ》し」の称号《しょうごう》を受《う》けた

バシレイオス2世《せい》

恐怖度
★★★★

悲哀度
★★

歴史影響度
★★★★

4世紀初頭《せいきしょとう》、現在《げんざい》のトルコの都市《とし》イスタンブールに、「東《ひがし》ローマ帝国《ていこく》（ビザンツ帝国《ていこく》）」という国《くに》があった。

トルコにありながら、イタリアの都市《とし》「ローマ」の名前《なまえ》がついているのは、紀元前《きげんぜん》から存在《そんざい》した「ローマ帝国《ていこく》」が395年《ねん》に東西《とうざい》に分裂《ぶんれつ》したからだ。

さて976年《ねん》、バシレイオス2世《せい》は東《ひがし》ローマ帝国《ていこく》マケドニア朝《ちょう》の第《だい》9代皇帝《だいこうてい》の座《ざ》に即位《そくい》した。

バシレイオスは、贅沢《ぜいたく》を嫌《きら》った。そのため、特《とく》に貴族《きぞく》たちにつらくあたった。彼《かれ》らに重《おも》い税金《ぜいきん》を負《お》わせ、彼《かれ》らが反乱《はんらん》を起《お》こすと残酷《ざんこく》に切《き》り捨《す》てた。バシレイオスは生涯独身《しょうがいどくしん》だったが、それも、「女性《じょせい》は余計《よけい》なものでしかない」

という、考《かんが》えがあったからだといわれている。

ブルガリア人殺《じんごろ》し

そんな彼《かれ》が激《はげ》しく敵視《てきし》していたのが、

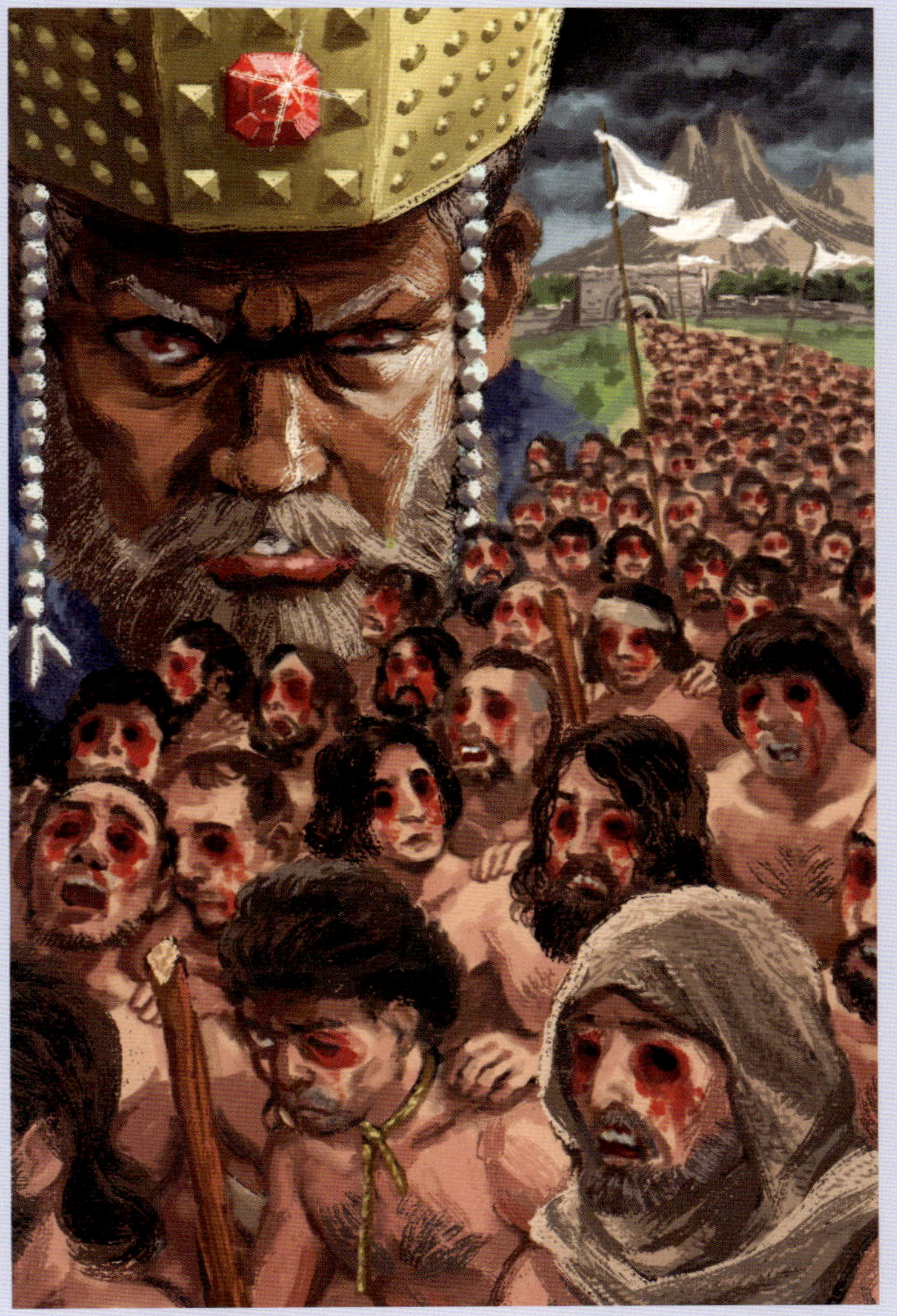

当時《とうじ》、東《ひがし》ローマ帝国《ていこく》の北《きた》に位置《いち》していたブルガリアだ。

東《ひがし》ローマ帝国《ていこく》とブルガリアは過去《かこ》、何度《なんど》か戦《いくさ》を起《お》こしていた。

バシレイオスも、ブルガリア皇帝《こうてい》サムイルに戦《たたか》いを挑《いど》み、大敗《たいはい》していた。

そのため、激《はげ》しく憎《にく》んでいたという。

そんな恨《うら》みは、1014年《ねん》のブルガリアとの戦《たたか》いで残酷《ざんこく》な形《かたち》ではたされた。

因縁《いんねん》の戦《たたか》いについに勝利《しょうり》をおさめたバシレイオスは、皇帝《こうてい》サムイルの配下《はいか》の兵士《へいし》1万《まん》4千人《せんにん》を捕《と》らえ捕虜《ほりょ》にすると、激《はげ》しい拷問《ごうもん》を加《くわ》えた。

さらに捕虜《ほりょ》の100人中《にんちゅう》1人の片目《かため》を潰《つぶ》し、残《のこ》る99人《にん》の両目《りょうめ》を潰《つぶ》した。そうして、100人《にん》1組《くみ》にして歩《ある》いてブルガリアへ送《おく》り返《かえ》したのだ。

1万《まん》以上《いじょう》の数《かず》の自分《じぶん》の兵士《へいし》のほとんどが盲目《もうもく》になり、フラフラとした足《あし》どりでぞろぞろ帰《かえ》ってきたのだ。そのあまりにも恐《おそ》ろしい光景《こうけい》に、サムイルも気《き》を失《うしな》い、2日後《かご》には息《いき》を引《ひ》き取《と》ったという。

バシレイオスが「ブルガロクトノス（ブルガリア人殺《じんごろ》し）」と呼《よ》ばれるのは、そのためだ。

突然《とつぜん》の死《し》

こうしてブルガリア帝国《ていこく》は、バシレイオスによって1018年《ねん》に制圧《せいあつ》された。

バシレイオスはその後次々《ごつぎつぎ》に近隣国《きんりんこく》に戦《たたか》いを挑《いど》み、バルカン半島《はんとう》を支配《しはい》した。

さらにエーゲ海《かい》と地中海北部《ちちゅうかいほくぶ》の大部分《だいぶぶん》を奪《うば》い、帝国《ていこく》の領土《りょうど》を広《ひろ》げた。

ところが、そんなバシレイオスも1025年《ねん》12月《がつ》に突然亡《とつぜんな》くなった。

その死《し》にはいくつかの謎《なぞ》があるために、暗殺《あんさつ》されたという説《せつ》もある。

暴君・悪女

テオファノ

皇帝《こうてい》を何人《なんにん》も暗殺《あんさつ》したといわれる

恐怖度 ★★★★★
悲哀度 ★★
歴史影響度 ★★★

東《ひがし》ローマ帝国史上最大《ていこくしじょうさいだい》の悪女《あくじょ》と言《い》われている「テオファノ」は、先《さき》に紹介《しょうかい》した、バシレイオス2世《せい》の母親《ははおや》だ。

なぜ彼女《かのじょ》が「悪女《あくじょ》」と呼《よ》ばれるのか。それは、何人《なんにん》もの皇帝《こうてい》の暗殺《あんさつ》に関《かか》わっているという、疑惑《ぎわく》の持《も》ち主《ぬし》だからだ。

平民《へいみん》から、皇帝《こうてい》の妃《きさき》に

テオファノが生《う》まれたのは、一般庶民《いっぱんしょみん》の家《いえ》だった。ただテオファノは、大変《たいへん》な美貌《びぼう》の持《も》ち主《ぬし》だった。

伝説《でんせつ》によると皇帝《こうてい》ロマノス2世《せい》が皇太《こうたい》子《し》の頃《ころ》、宮殿《きゅうでん》の外《そと》でケガを負《お》った。そこで運《はこ》び込《こ》まれた家《いえ》が、たまたまテオファノの生家《せいか》だった。

ロマノス2世《せい》はテオファノに一目《ひとめ》ぼれし、プロポーズをしたという。

こうしてテオファノは宮殿《きゅうでん》に迎《むか》え入《い》れられるのだが、直後《ちょくご》にロマノス2世《せい》の父《ちち》で皇帝《こうてい》のコンスタンティノス7世《せい》が突然《とつぜん》、死《し》んでしまった。周囲《しゅうい》は、

「皇帝《こうてい》は数日前《すうじつまえ》まで元気《げんき》だった」

と、ヒソヒソとウワサし合《あ》った。

「ひょっとしてテオファノ様《さま》が毒殺《どくさつ》したのではないか」

と、いうのだ。

実《じつ》はその少《すこ》し前《まえ》に、ロマノスと婚約《こんやく》をしていたイタリア王《おう》ウーゴの娘《むすめ》も突然死《とつぜんし》していた。

真偽《しんぎ》はともあれ、テオファノは誰《だれ》からの反対《はんたい》もなく、皇帝《こうてい》ロマノス2世《せい》の后《きさき》の座《ざ》に着《つ》くことになった。しかし……。

ロマノス2世《せい》が皇帝《こうてい》の座《ざ》にいたのはたった4年《ねん》だった。26歳《さい》の若《わか》さで急死《きゅうし》してしまったからだ。

それも、復活祭《ふっかつさい》の最中《さいちゅう》にもかかわらず、人里離《ひとざとはな》れた山奥《やまおく》へ狩《か》りに出《で》かけ事故《じこ》にあったという、不審死《ふしんし》だった。

再《ふたた》び、皇帝《こうてい》の妃《きさき》に

やはりここでも、「テオファノ犯人《はんにん》説《せつ》」が流《なが》れた。

テオファノは、ロマノス2世《せい》の母親《ははおや》や妹《いもうと》たちと仲《なか》が悪《わる》く、妹《いもうと》たちを無理《むり》やり修《しゅう》道院《どういん》へ送《おく》りこんでいたからだ。

「娘《むすめ》たちを助《たす》けてほしい」

といっていた、ロマノス2世《せい》の母親《ははおや》をいびり殺《ころ》したとも言《い》われている。

さらに、なんと次《つぎ》の皇帝《こうてい》ニケフォロス2世《せい》と再婚《さいこん》し、またしても妃《きさき》の座《ざ》についたのだ。

そんなニケフォロス2世《せい》も、たった6年《ねん》の在位《ざいい》で亡《な》くなってしまう。

実《じつ》はニケフォロスとテオファノの年齢《ねんれい》は親子《おやこ》ほどの差《さ》があった。また、ニケフォロスは美男《びなん》とはとても言《い》えない顔立《かおだ》ちをしていたという。

「また、テオファノが皇帝《こうてい》を暗殺《あんさつ》した！」

今度《こんど》こそは、ウワサでは済《す》まされなかった。

私《わたし》はテオファノに頼《たの》まれた

テオファノはついに、罪《つみ》を問《と》われることになったのだ。

それも、次《つぎ》の皇帝《こうてい》ヨハネス1世《せい》の戴冠《たいかん》式《しき》で。実《じつ》は、このヨハネスもまた、テオファノの恋人《こいびと》だったのだ。

皇帝《こうてい》を任命《にんめい》するコンスタンティノープル大司教《だいしきょう》は、

「ニケフォロスが暗殺《あんさつ》された秘密《ひみつ》を、ヨハネス、あなたは知《し》っているはずだ。全《すべ》てを述《の》べなければ、あなたを皇帝《こうてい》に任命《にんめい》することはできない」

と、戴冠《たいかん》を拒否《きょひ》した。仕方《しかた》なくヨハネスは、

「テオファノに頼《たの》まれ、宮殿《きゅうでん》に忍《しの》び込《こ》み、ニケフォロスを暗殺《あんさつ》しました」

と自供《じきょう》した。

そして、島流《しまなが》しに……

こうして、首謀者《しゅぼうしゃ》としてテオファノは島流《しまなが》しにされた。

しかし、ニケフォロスが皇帝《こうてい》でいられたのも、たったの7年《ねん》だった。

続《つづ》いて、息子《むすこ》のバシレイオス2世《せい》が皇《こう》帝《てい》になると、テオファノはようやく帝都《ていと》コンスタンティノープルに帰《かえ》ることができたという。

しかし、その後《ご》は知《し》られていない。

バシレイオス2世《せい》の死《し》にも、テオファノが絡《から》んでいるというウワサもあるが、バシレイオス2世《せい》が死《し》んだのは67歳《さい》なので、その母親《ははおや》であるテオファノが暗殺《あんさつ》に絡《から》んでいたとはさすがに考《かんが》えにくい。

暴君・悪女

イブラヒム

280人《にん》を袋詰《ふくろづ》めにして、海《うみ》に沈《しず》めた

恐怖度 ★★★★
悲哀度 ★★★★
歴史影響度 ★★★

「オスマン帝国《ていこく》」は、14世紀《せいき》から20世紀《せいき》にかけて存在《そんざい》した、一大帝国《いちだいていこく》だ。首都《しゅと》は、コンスタンティノープル（現在《げんざい》のイスタンブール）。

15世紀《せいき》に東《ひがし》ローマ帝国《ていこく》を滅《ほろ》ぼすと、中《ちゅう》東地域《とうちいき》のみならず、最大期《さいだいき》にはアフリカやヨーロッパまで勢力《せいりょく》を広《ひろ》げた。

ただ、長《なが》い歴史《れきし》の中《なか》には暴君《ぼうくん》も存在《そんざい》する。特《とく》に名前《なまえ》があがるのが、第18代皇帝《だいこうてい》イブラヒムだ。

陰謀《いんぼう》の中《なか》の子《こ》ども時代《じだい》

1615年《ねん》、イブラヒムは皇帝《こうてい》の息子《むすこ》として生《う》まれた。

しかし、幼少期《ようしょうき》は不安《ふあん》の中《なか》で過《す》ごしたようだ。

というのもわずか2歳《さい》の頃《ころ》に皇帝《こうてい》だった父《ちち》が亡《な》くなると、皇帝《こうてい》を継《つ》いだ叔父《おじ》のムスタファ1世《せい》に母《はは》や兄弟《きょうだい》たちとともに幽閉《ゆうへい》されてしまったからだ。

ムスタファ1世《せい》が王位《おうい》を退《しりぞ》き、兄《あに》のムラト4世《せい》が皇帝《こうてい》になってからも、幽閉《ゆうへい》は続《つづ》いた。そればかりか、

「弟《おとうと》たちが皇帝《こうてい》の座《ざ》を狙《ねら》って、自分《じぶん》を殺《ころ》すのではないか」

と、ムラト4世《せい》は自分《じぶん》の弟《おとうと》たちを次々《つぎつぎ》に処刑《しょけい》し始《はじ》めたのだ。

ムラト4世《せい》が亡《な》くなり、イブラヒムが次《つぎ》の王《おう》に任命《にんめい》されたのは、幽閉《ゆうへい》されて25年後《ねんご》だった。

もうその頃《ころ》にはイブラヒムの心《こころ》はすっかり病《や》んでしまっていたのだろうと言《い》わ

れている。

ゆがんだ楽《たの》しみ

それでも、即位《そくい》当初《とうしょ》のイブラヒムは慈《じ》悲深《ひぶか》く、貧《まず》しい人々《ひとびと》を助《たす》けることに努《つと》めようとしていたという。

ただ、政策《せいさく》の決定権《けっていけん》を持《も》っていたのは、母親《ははおや》とその家臣《かしん》だった。

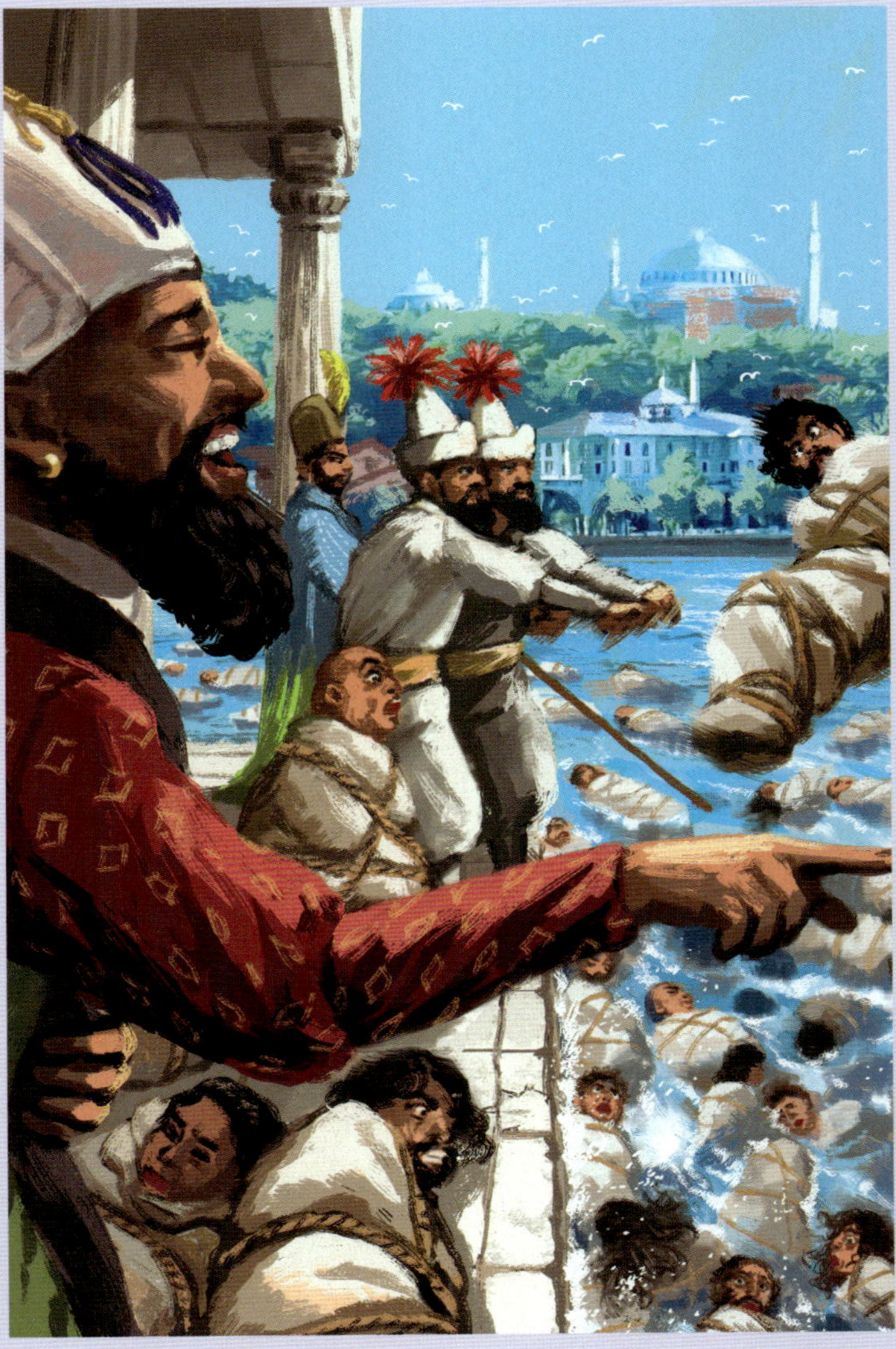

次第《しだい》にイブラヒムは政治《せいじ》に関《かか》わることをやめ、享楽《きょうらく》（思《おも》いのままに快楽《かいらく》を味《あじ》わうこと）にふけるようになった。

あるときはたくさんの宝石類《ほうせきるい》をプールに放《ほう》り込《こ》んでは、ハレム（王《おう》のための女性《じょせい》たちが暮《く》らす場所《ばしょ》）の女《おんな》たちが水中《すいちゅう》で拾《ひろ》い合《あ》う様子《ようす》をながめて喜《よろこ》んだ。

またあるときは一日中《いちにちじゅう》自分《じぶん》の周《まわ》りに多《おお》くの女性《じょせい》をはべらせ、ごちそうを楽《たの》しんだ。

宮殿《きゅうでん》から道行《みちゆ》く人々《ひとびと》に矢《や》を放《はな》ち、反応《はんのう》を見《み》て喜《よろこ》ぶこともあったという。

息子《むすこ》に対《たい》しても、風呂《ふろ》に投《な》げ込《こ》んだり、島流《しまなが》しにしようとするなど、異常《いじょう》な振《ふ》る舞《ま》いをするようになった。

宮廷《きゅうてい》に占《うらな》い師《し》などを呼《よ》び、政府《せいふ》の高官《こうかん》に任命《にんめい》することもあった。

許《ゆる》されざる出来事《できごと》

そしてついに、イブラヒムが刑《けい》に処《しょ》される事件《じけん》が起《お》こる。

1648年《ねん》、突然《とつぜん》、自《みずか》らのハレムにいた女性《じょせい》や家臣《かしん》280人《にん》を袋詰《ふくろづ》めにして、ボスポラス海峡《かいきょう》に投《な》げ込《こ》んだのだ。

この行為《こうい》が問題視《もんだいし》され、イブラヒムは、皇帝《こうてい》の座《ざ》を降《お》ろされ、処刑《しょけい》された。

イブラヒムが採用《さいよう》した家臣《かしん》たちも処刑《しょけい》され、遺体《いたい》をバラバラに切《き》り刻《きざ》まれたという。

古代文明・儀式

「邪視《じゃし》」という嫉妬《しっと》の呪《のろ》いをはじく

ナザール・ボンジュウ

恐怖度 ★
悲哀度 ★
歴史影響度 ★★★★

トルコの土産物店《みやげものてん》に行《い》くと、ナザール・ボンジュウというお守《まも》りを必《かなら》ずといっていいほど、目《め》にすることができる。

紺色《こんいろ》の円形《えんけい》のガラスの上《うえ》に、白《しろ》と水色《みずいろ》と黒《くろ》で目《め》が描《えが》かれたもので、直訳《ちょくやく》すると「凶眼《きょうがん》（ナザール）のガラス玉《だま》（ボンジュウ）」。

強《つよ》い視線《しせん》で魔《ま》を弾《はじ》く効果《こうか》があるとされ、目《め》のモチーフの魔除《まよ》けは、紀元前《きげんぜん》3世紀《せいき》にはすでに用《もち》いられていたという。

ねたみ、という呪《のろ》い

「この世《よ》で最《もっと》も恐《おそ》ろしいものは嫉妬《しっと》だ」

と、よく言《い》われる。

日本《にっぽん》でも嫉妬《しっと》にまつわる怪談《かいだん》は多《おお》く、「生霊《いきりょう》」と呼《よ》ばれる存在《そんざい》も、嫉妬《しっと》から生《う》まれた、生《い》きた人間《にんげん》の霊《れい》だ。

トルコなど中東《ちゅうとう》でも「嫉妬《しっと》」は古《ふる》くから恐《おそ》れられてきた。

「羨望《せんぼう》のまなざしにさらされると悪《わる》いことがおきる」

という言《い》い伝《つた》えもあるほどだ。

そのため、アラブ世界《せかい》では、誰《だれ》かをほめる時《とき》は、

「マッシャーアッラー（神《かみ》がそう望《のぞ》まれた）」

というフレーズを使《つか》うのだそうだ。

これは、「すごいね、かわいいね、すてきだね」という気持《きも》ちを伝《つた》えたい時《とき》によく用《もち》いられるという。

この言葉《ことば》を使《つか》うと「ねたみ」という呪《のろ》いがかからないとされているからだ。

嫉妬《しっと》をはねつける眼《め》

とはいっても、人《ひと》を「うらやましい」と思《おも》ったことは、誰《だれ》もがあるだろう。

「いいなあ」

という、嫉妬《しっと》のまなざし「邪視《じゃし》」が、知《し》らず知《し》らずのうちに発《はっ》せられることもあるという。もちろん、同《おな》じくらい受《う》け止《と》めてしまうケースもある。

トルコでは、頭痛《ずつう》や腹痛《ふくつう》がしたり、わ

けもなく不安《ふあん》になると、「邪視《じゃし》のせいだ」という人《ひと》が少《すく》なからずいるそうだ。

最近《さいきん》では、テレビやパソコン、携帯電《けいたいでん》話《わ》、エアコンなどの電化製品《でんかせいひん》が故障《こしょう》したときも、「邪視《じゃし》のせいだ」と感《かん》じる人《ひと》もいる。

そんな「邪視《じゃし》」を代《か》わりに受《う》けてくれるのがナザール・ボンジュウだ。

そのため、あまりに強《つよ》い「邪視《じゃし》」を受《う》けると、ナザール・ボンジュウにヒビが入《はい》ったり、割《わ》れることもあるという。

トルコでは、ナザール・ボンジュウがあちこちでぶら下《さ》がっているのだが、特《とく》に子《こ》どもがいる家庭《かてい》では、子《こ》どもを邪視《じゃし》から守《まも》るために、たくさんのナザール・ボンジュウを配置《はいち》するという。

新《あら》たな護符《ごふ》も

一方《いっぽう》で、「頼《たよ》っていいのは、アッラーのみ」「アッラー以外《いがい》に信仰《しんこう》してはならない」という教《おし》えがあるイスラム教《きょう》では、ナザール・ボンジュウに対《たい》して否定的《ひていてき》だ。

ところがトルコは、国民《こくみん》の大半《たいはん》がイスラム教徒《きょうと》だ。

そこで2021年《ねん》、トルコ宗務庁《しゅうむちょう》は、「ナザール・ボンジュウや類似《るいじ》のものを身《み》に着《つ》けることは許《ゆる》されない」という見解《けんかい》を出《だ》した。

もちろんイスラム教《きょう》では、ということだが、そのせいか最近《さいきん》は、目玉《めだま》のモチーフではなく、アラビア語《ご》で「アッラー」や「ムハンマド（預言者《よげんしゃ》の名前《なまえ》）」といった文字《もじ》が書《か》かれた護符《ごふ》が多《おお》く売《う》られるようになったという。

いずれも邪視《じゃし》をはじく効果《こうか》があるそうだ。興味《きょうみ》がある人《ひと》は、物産展《ぶっさんてん》などで探《さが》してみるのもいいかもしれない。

ミステリースポット

古代核戦争《こだいかくせんそう》の名残《なご》りか!?

カッパドキアの地下都市《ちかとし》

恐怖度
★★★
悲哀度
★★★
歴史影響度
★★★★★

「カッパドキア」は、世界遺産《せかいいさん》にもなっているトルコでも屈指《くっし》の観光地《かんこうち》だ。10～20メートルものきのこやえんとつのような形《かたち》をした奇岩《きがん》が、100キロメートル四方《しほう》に渡《わた》っていくつもそびえ立《た》つ姿《すがた》は圧巻《あっかん》で、気球《ききゅう》に乗《の》って空《そら》から光景《こうけい》を楽《たの》しむこともできる。

さて、このカッパドキアには、大小合《だいしょうあ》わせて250あまりの地下都市《ちかとし》があるといわれている。

しかし、これらの地下都市《ちかとし》が見《み》つかったのは1963年《ねん》。たった60年《ねん》ほど前《まえ》の出来事《できごと》だということもあり、今《いま》も多《おお》くの謎《なぞ》に包《つつ》まれている。

数万人規模《すうまんにんきぼ》の地下都市《ちかどし》も

実際《じっさい》に、観光《かんこう》ができる地下都市《ちかとし》がある。「カイマクルの地下都市《ちかとし》」がそれで、深《ふか》さはなんと約《やく》65メートル。

天井《てんじょう》は低《ひく》く、通路《つうろ》も狭《せま》いが、地下《ちか》8階《かい》まで降《お》りることができ、一番多《いちばんおお》い時期《じき》には約《やく》2万人《まんにん》、平均《へいきん》して5000人《にん》ほどが住《す》んでいたとされている。

地下《ちか》には住居《じゅうきょ》はもちろん、学校《がっこう》や教会《きょうかい》、集会所《しゅうかいじょ》、お墓《はか》まであり、それらはトンネルで結《むす》ばれているという。

「デリンクユの地下都市《ちかとし》」も、観光客《かんこうきゃく》を受《う》け入《い》れている地下都市《ちかとし》だ。

こちらは約《やく》85メートルの深《ふか》さがあり、内部《ないぶ》の広《ひろ》さはなんと約《やく》4平方《へいほう》キロメートル！　東京《とうきょう》ドームだと4個分《こぶん》だ。最大《さいだい》4万人《まんにん》、平均《へいきん》して2万人《まんにん》が生活《せいかつ》をしていたと考《かんが》えられている。

こちらは、なんと家畜部屋《かちくべや》まであり、羊《ひつじ》や鶏《にわとり》がスロープで地上《ちじょう》に出《で》られるようにもなっていた。

深《ふか》まる謎《なぞ》

ではなぜ、このような地下都市《ちかとし》が造《つく》られたのか。

確《たし》かなことは分《わ》かっていない。

キリスト教《きょう》の教会《きょうかい》やお墓《はか》が多《おお》くあるこ

とから、ヨーロッパから移《うつ》り住《す》んできたフリュギア人《じん》らキリスト教徒《きょうと》が、迫害《はくがい》から逃《のが》れるために使《つか》われたのだろうと、考《かんが》えられてはいる。

ただ、いつ作《つく》られたのか。

有力視《ゆうりょくし》されているのが、紀元前《きげんぜん》16世紀《せいき》から12世紀頃《せいきごろ》、この地《ち》を制圧《せいあつ》していたヒッタイト人《じん》が敵《てき》から身《み》を守《まも》るために作《つく》ったのではないかという説《せつ》だ。

また、こんな変《か》わった説《せつ》もある。

「地下都市《ちかとし》は、古代《こだい》に起《お》きた、『核戦《かくせん》争《そう》』後《ご》にできた、シェルターだ」

というものだ。

「カッパドキアにある、不思議《ふしぎ》な形《かたち》をした奇岩《きがん》も、古代《こだい》、核爆発《かくばくはつ》によってできたものに違《ちが》いない」

と。何《なん》にせよ、研究《けんきゅう》は始《はじ》まったばかりなのだ。

ちなみに、この地《ち》にはまだ発見《はっけん》されていない地下都市《ちかとし》が400以上《いじょう》あるともいわれている。

世界の本当に怖い話　怖い歴史　上巻

著　者　野宮麻未・怖い話研究会
イラスト　ニイルセン・カワズミ・藤井昌子
発行者　鈴木博喜
編　集　池田菜採・村上佳代
発行所　株式会社理論社
〒101-0062　東京都千代田区神田駿河台2-5
電話　営業03-6264-8890　編集03-6264-8891
URL　https://www.rironsha.com

2024年9月初版
2024年9月第1刷発行

表紙イラスト　マニアニ
ブックデザイン　東 幸男（east design）
印刷・製本　TOPPANクロレ　上製加工本

ISBN978-4-652-20650-8 NDC380 B5変型判 27cm 111p

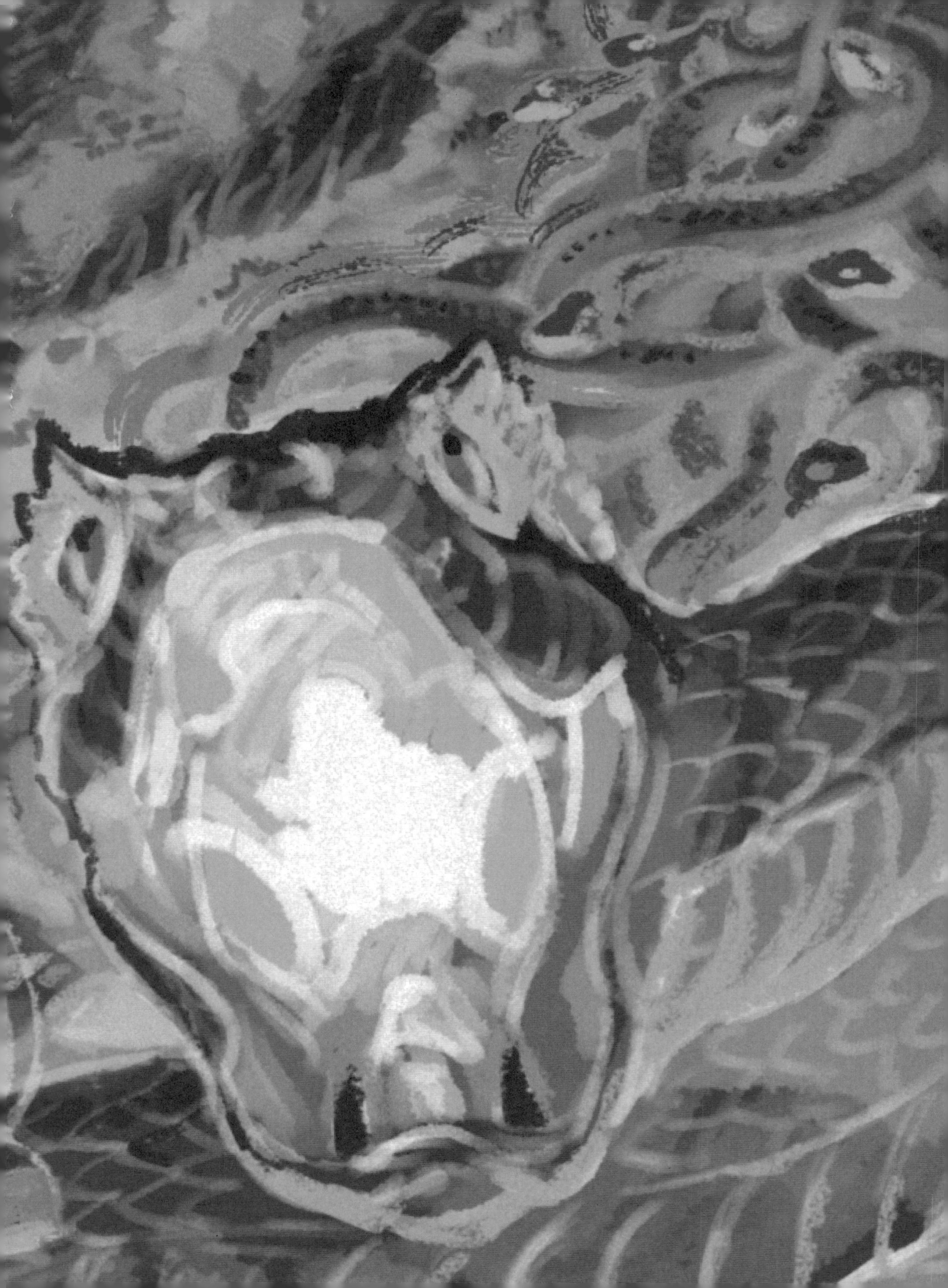